# AS RUÍNAS
# DE JUNHO

**edição brasileira©**  Circuito 2023
**imagem da capa©**  Fábio Vieira (Fotoarena)

**organização da coleção**  Acácio Augusto
**coordenação editorial**  Renato Rezende
**edição**  Suzana Salama
**editor assistente**  Paulo Henrique Pompermaier
**preparação**  Ingrid Vieira
**projeto gráfico**  Ronaldo Alves
**iconografia da capa**  Lourdes Guimarães

**ISBN**  978-65-86974-46-1

**conselho editorial**  Amilcar Packer,
Cecília Coimbra (TNM/RJ e UFF),
Eduardo Sterzi (UNICAMP),
Heliana Conde (UERJ),
Jean Tible (DCP/USP),
João da Mata (SOMA),
Jorge Sallum (Hedra),
Margareth Rago (Unicamp),
Priscila Vieira (UFPR),
Salvador Schavelzon (UNIFESP),
Thiago Rodrigues (UFF)

*Grafia atualizada segundo o Acordo Ortográfico da Língua Portuguesa de 1990, em vigor no Brasil desde 2009.*

*Direitos reservados em língua portuguesa somente para o Brasil*

EDITORA CIRCUITO LTDA.
Largo do Arouche, n. 252, apto. 901
São Paulo-SP, Brasil
CEP 01219-010
editoracircuito.com.br

Foi feito o depósito legal.

# AS RUÍNAS DE JUNHO

Daniel Souza

1ª edição

hedra
São Paulo   2023

▷ **As ruínas de junho** investiga o que restou de junho de 2013: seus destroços, resíduos e rastros. Diante dos espectros e fantasmas da grande política, os acontecimentos do período permanecem como um campo aberto. Uma série de convulsões sociais e políticas que, em disputa, reconfiguraram e ressignificaram os espaços institucionais de uma democracia liberal. Os estilhaços da destituição ficaram gravitando após 2013. A busca de *As ruínas de junho* é por recombiná-los, para se repensar modos de agir e viver.

▷ **Daniel Souza** é doutor em Ciências da Religião pela Universidade Metodista de São Paulo (UMESP) e pesquisador colaborador da UFABC, em estágio de pós-doutorado em Filosofia. Atua como professor do Colégio São Domingos e da Escola Vera Cruz, em São Paulo. Entre 2015–2017 presidiu o Conselho Nacional de Juventude, espaço de participação da sociedade civil junto ao Governo Federal. É professor de filosofia no ensino médio de escolas particulares na cidade de São Paulo, militante do movimento ecumênico e Elémòsó do Ilê Obá Asé Ogodo.

▷ **Jean Tible** é militante, doutor em sociologia (UNICAMP) e professor de Ciência Política na Universidade de São Paulo (USP). É autor de *Marx selvagem* (Autonomia literária, 2019) e organizador de vários livros sobre e a partir de lutas contemporâneas: *Junho — potência das ruas e das redes* (Fundação Friedrich Ebert, 2014), *Cartografias da emergência: novas lutas no Brasil* (FES, 2015) e *Negri no trópico 23º 26'14* (Autonomia literária, Editora da cidade, n-1 edições, 2017).

# Sumário

Apresentação, *por Jean Tible* .................................. 9
AS RUÍNAS DE JUNHO. . . . . . . . . . . . . . . . . . . . .19
Preâmbulo ............................................... 21
Junho, a soberania e o Estado violento ....................... 43
A cidade-campo e a produção de sobreviventes ............... 55
Junho e a política transformada em *técnica* ................... 77
A «democracia gloriosa» e o Estado-Deus .................... 95
A potência destituinte e as paixões ingovernáveis ............ 117
As cidades e a governança neoliberal ....................... 135
A subjetivação e dessubjetivação ........................... 169
As alianças das *ruas* ..................................... 185
Limiar .................................................. 201
Bibliografia ............................................. 207

A COLEÇÃO ATAQUE *irrompe sob efeito de junho de 2013. Esse acontecimento recente da história das lutas sociais no Brasil, a um só tempo, ecoa combates passados e lança novas dimensões para os enfrentamentos presentes. O critério zero da coleção é o choque com os poderes ocorrido durante as jornadas de junho, mas não só. Busca-se captar ao menos uma pequena parte do fluxo de radicalidade (anti)política que escorre pelo planeta a despeito da tristeza cívica ordenada no discurso da esquerda institucionalizada. Um contrafluxo ao que se convencionou chamar de onda conservadora. Os textos reunidos são, nesse sentido, anárquicos, mas não apenas de autores e temas ligados aos anarquismos. Versam sobre batalhas de rua, grupos de enfrentamento das forças policiais, demolição da forma-prisão que ultrapassa os limites da prisão-prédio. Trazem também análises sobre os modos de controle social e sobre o terror do racismo de Estado. Enfim, temas de enfrentamento com escritas que possuem um alvo.*
*O nome da coleção foi tomado de um antigo selo punk de São Paulo que, em 1985, lançou a coletânea Ataque Sonoro. Na capa do disco, dois mísseis, um soviético e outro estadunidense, apontam para a cidade de São Paulo, uma metrópole do que ainda se chamava de terceiro mundo. Um anúncio, feito ao estilo audaz dos punks, do que estava em jogo: as forças rivais atuam juntas contra o que não é governado por uma delas. Se a configuração mudou de lá para cá, a lógica e os alvos seguem os mesmos.*
*Diante das mediações e identidades políticas, os textos desta coleção optam pela tática do ataque frontal, conjurando as falsas dicotomias que organizam a estratégia da ordem. Livros curtos para serem levados no bolso, na mochila ou na bolsa, como pedras ou coquetéis molotov. Pensamento-tática que anima o enfrentamento colado à urgência do presente. Ao serem lançados, não se espera desses livros mais do que efeitos de antipoder, como a beleza de exibições pirotécnicas. Não há ordem, programa, receita ou estratégia a serem seguidos. Ao atacar radicalmente, a única esperança possível é que se perca o controle e, com isso, dançar com o caos dentro de si. Que as leituras produzam efeitos no seu corpo.*

ACÁCIO AUGUSTO & RENATO REZENDE

# Apresentação
## O capítulo brasileiro de um fenômeno global

JEAN TIBLE

IRRUPÇÃO

*O que resta de Junho, esse acontecimento que tudo chacoalha?*, pergunta Daniel Souza. Como dizem os italianos do fervo dos anos setenta, a explosão é espontânea, mas foi organizada. Aqui, nas lutas pelo transporte, desde os tradicionais quebra-quebras por conta do aumento do preço do bonde, ao início desse século, com as revoltas do Buzu em Salvador e da Catraca em Florianópolis e o posterior nascimento do Movimento Passe Livre (MPL), influenciado também pela experiência zapatista e pelo movimento antiglobalização. Outras fumaças precedem a erupção, como as greves selvagens dos barrageiros de Jirau e Santo Antônio, a ampla solidariedade com os Guarani Kaiowá ou, ainda, poucas semanas antes do estouro nacional, a ocupação indígena do plenário do Congresso, o Bloco de Lutas em Porto Alegre e outras manifestações contra os aumentos das passagens em Goiânia e Natal. Todo um fervilhar mais subterrâneo prestes a eclodir.

Nas ruas, irrompem reivindicações contra as máfias das empresas de ônibus e as violências policiais (a outra faísca do dia 13 em São Paulo) com os gritos de *cadê o Amarildo?* e por mudanças profundas na educação e saúde públicas. Antagonismos, permanentes e ininterruptos, ganham maior visibilidade. Assim como os aumentos nos transportes são revogados em mais de cem cidades, outras possibilidades se abrem. O número de greves dispara (o maior número desde o início da contagem nos anos oitenta), inclusive em setores geralmente menos propensos, como os da indústria da alimentação, segurança ou limpeza urbana. Novas alianças políticas se vislumbram nas greves dos garis, no Rio, e na presença Guarani Mbya, de muito mais contundência, em São Paulo: numa multiplicação de atos de repercussão e inspiração desde então, seja tingindo de vermelho o Monumento às Bandeiras, trancando a Rodovia dos Bandeirantes, ocupando por 24h o escritório da Presidência ou, em particular, retomando a antiga aldeia Kalipety, nessa *tekoa* onde hoje a cidade vive um dos seus mais belos experimentos cosmopolíticos, de cultivos agrícolas e políticos.[1]

A detonação abre um novo ciclo político, e a partir daí todos os atores da sociedade brasileira são interpelados e obrigados a se reposicionar, sejam empresas, bancos e agronegócio, sejam sindicatos e movimentos. Para o bem ou para o mal, é o fim do momento que o país estava vivendo. Acabou a estabilidade, dizem os protestos, e esse término significa o aguçamento do conflito distributivo, por conta da dificuldade de continuar a diminuição das desigualdades sem tocar em certos interesses materiais do andar de cima. A *mágica* do lulismo (de distribuir para os pobres sem tomar dos ricos) encontrou aí seu limite frontal, e Daniel, de trajetória nas redes de militância cristã socialista e no mundo petista, narra seus dilemas, reflexões e percursos.

## O PARTIDO E A ORDEM

A década precedente à revolta é marcada pela ascensão social de dezenas de milhões e por debates sobre se tratar da expansão da classe C, de uma nova classe média ou trabalhadora. Boa parte desses, vidrados nos números e nas tabelas, não percebiam as pessoas, de carne e osso, com subjetividades, desejos e lutas, presentes e por

---

[1]. DIEESE. "Balanço das greves em 2013". *Estudos e Pesquisas*, n. 79, dezembro de 2015. Lucas Keese dos Santos. *A esquiva do xondaro: movimento e ação política Guarani Mbya*. São Paulo: Elefante, 2021.

vir; a "ascensão selvagem da classe sem nome".[2] O auge do projeto petista se situa no fim do governo Lula, que, com sua altíssima popularidade, elege a sucessora e garante a sede da Copa e Olimpíadas. É justamente no contexto do que seria um tipo de coroação que os protestos põem a nu fortes fragilidades desse processo de mudanças: uma democracia de baixa escala e o poder, não combatido, do agronegócio, bancos e demais. A aposta num Brasil poderoso conecta o apoio aos chamados campeões nacionais e a realização desses grandes eventos. Entre, de um lado, fomentar corporações com dinheiro dos bancos públicos e lhes dar projeção internacional e, por outro, financiar a acolhida de competições empresariais, com remoções de comunidades, gentrificação das cidades e do esporte e investimentos duvidosos. E, também, seu fiasco, seja nas telecomunicações (recuperação judicial da empresa Oi), na concentração no mercado de carnes (JBS Friboi) ou a falência do Grupo X de Eike Batista, para a primeira, e a falta de legado substantivo para a população no que toca à segunda.

Isso ganha outro relevo com a irrupção, na qual a crítica ao desenvolvimentismo está bem presente. As conquistas (o combate às desigualdades sociais e étnico-raciais, a emergência de novos sujeitos e a tentativa de formação de um bloco regional) só foram possíveis por conta dos movimentos que abriram esses espaços governamentais. A América do Sul foi, nesse início de século, um dos laboratórios políticos mais férteis do planeta, e suas dificuldades se relacionam diretamente ao fato de não conseguir aprofundar tais despertares. Um nó do dito progressismo sul-americano se percebe no símbolo coletivo e na conexão Belo Monte-Tipnis-Yasuní: nessas três decisões políticas cruciais, os governos desistiram de criar vias alternativas para afirmar o caminho habitual, um pouco mais à esquerda. A construção da hidrelétrica no Brasil, a abertura da estrada num parque na Bolívia e o início da exploração de petróleo numa reserva no Equador convergem em rumos monoculturais, le-

---

2. Hugo Albuquerque. "A ascensão selvagem da classe sem nome". *O Descurvo*, 6 de setembro de 2012.

vando a uma perda decisiva para as possibilidades de transformação das vidas coletivas.

Por que esse caldo (do que vinha se deslocando mais lentamente e da disrupção) deu, por ora, no desastre que estamos vivendo? Pensando, primeiro, no polo da esquerda mais institucional, conduzido pelo PT, mas que abrange outras organizações como a CUT, o MST e os movimentos feminista e negro vinculados ao ciclo de lutas que se inicia no período final da ditadura. O partido controla, em 2013, os executivos com os dois orçamentos públicos mais importantes (da União e da maior cidade do país), mas seus quadros à frente dessas administrações, contudo, se ativeram a perspectivas tecnocráticas. No fundo, passada a tempestade mais imediata, o universo petista tocou a vida e as consequências foram trágicas para o partido e o país. Esse desencontro não estava dado, se levarmos em conta sua origem nos "novos personagens que entraram em cena", ou seja, na extraordinária mobilização a partir do fim dos setenta, em que trabalhadores em movimento, com suas greves e assembleias em estádio de futebol e em tantos espaços, impedem uma transição para a democracia representativa negociada somente por cima, pelos de sempre nessa grande tradição nacional.[3] Após os protestos, PT e aliados não foram capazes de (ou nem quiseram) radicalizar as conquistas iniciais nem quando as ruas apontaram para isso, e modificaram a correlação de forças. Mais, talvez tenham provocado um curto-circuito ao promoverem novas subjetividades e não irem mais a fundo, abrindo flanco para a reação.

O outro polo, de uma esquerda autônoma, de dezenas de organizações e sensibilidades, infelizmente, tampouco deu conta das aberturas de 2013. O MPL, uma de suas expressões, provocou o incêndio, pautou um tema fundamental para a classe trabalhadora e, sobretudo, ajudou na eclosão de um novo imaginário político radical, mas não logrou articular a luta contra a catraca do transporte para as outras cercas que nos assolam. Tampouco pôde aprovei-

---

[3]. Eder Sader. *Quando novos personagens entraram em cena: experiências, falas e lutas dos trabalhadores da Grande São Paulo, 1970-1980*. Rio de Janeiro: Paz e Terra, 1988. Marco Aurélio Garcia. "São Bernardo: A (auto)construção de um movimento operário". *Desvios* n. 1, novembro de 1982.

tar aquele momento para dialogar com a população de forma mais continuada no sentido de construir novas conexões e fomentar organizações do cotidiano (mas é provavelmente uma expectativa demasiada para um conjunto de pequenos coletivos). Muitas pessoas, sobretudo após o dia 13, participam pela primeira vez em manifestações e chegam a mobilizar argumentos despolitizados sobre a corrupção, ou moralistas, sobre a "violência" (o Jornal Nacional do dia 20 de junho impressiona pela quantidade de vezes em que os apresentadores insistem na suposta oposição entre manifestantes pacíficos majoritários e vândalos minoritários) e símbolos verde-e-amarelos capturáveis. Mas não é justamente o papel de quem quer revolucionar convencer e ganhar mais gente?

Essas brechas perdidas deixam espaços para uma extrema direita (lembrando de Walter Benjamin, do fascismo como resultado de uma revolução fracassada). Cinco anos depois, um candidato que celebra a máquina de morte brasileira (repudiada naquele momento) é eleito, cheio de ilegalidades (golpe, prisão de Lula) e se colocando demagogicamente como alheio a um sistema político em convulsão e com baixa legitimidade. Na medida em que a política institucional não leva em conta o evento de 2013, sua crise se aguça e vamos nos aproximando do sinistro cenário de hoje. Junho passa a ser — curiosamente, tanto para a direita extrema quanto para parte da esquerda, ainda que com sinais invertidos — o marco inicial de uma onda conservadora. Não adianta, todavia, culpar a Globo e a direita (ou os EUA), que disputaram os rumos dos protestos depois de terem apoiado sua repressão. As manifestações posteriores contra Dilma se iniciam logo após a contestação do resultado de 2014 pelo candidato derrotado, e ganham força nos dois anos seguintes, levando ao impeachment; convocam outro grupo, bem mais rico, velho e branco que o de 2013. Surpreendentemente, uma direita que não encarava a rua há décadas soube se posicionar melhor após a eclosão, enquanto que, para as esquerdas, 2013 talvez tenha ficado como um tipo de trauma.

Outro aspecto dessa discussão está na ampla resposta repressiva que se articula, na qual seus mecanismos estatais são aprimorados. Os poderes executivo, legislativo e judiciário convergem e colaboram na agenda coercitiva, no contexto dos grandes eventos e depois das ocupações secundaristas e das crises política e econômica. Novas armas e táticas, filmagem e vigilância, infiltração (caso Balta Nunes, do Exército) e articulação federativa. No Congresso rapidamente aparecem dezenas de projetos de lei, seguindo uma linha de aumentos de penas, tipificação de novos crimes e endurecimento de sanções para os já existentes, e isso se expressa com nitidez na lei antiterrorismo, aprovada em 2016, no momento final do governo Dilma, e por sua iniciativa. Além de não atuar como controle externo das polícias, certas decisões do Judiciário jogam a culpa nos profissionais que sofreram graves lesões ao cobrir os atos, acentuando sua criminalização, como no caso do fotógrafo Sérgio Silva (um dentre a centena de jornalistas agredidos ou feridos nessas semanas), responsável por ter perdido um olho, segundo o juiz, ao se colocar "entre a polícia e os manifestantes". Uma série de outros casos apresentam "denúncias com bases inconsistentes", como no caso de duas dezenas de militantes no Rio na véspera da final da Copa, ou na abjeta condenação de Rafael Braga, a única desses protestos, que tiveram milhares de detidos e dezenas de processados. Cenas de um racismo arraigado e impiedoso.[4]

Esse conjunto evidencia ações concertadas para restringir o fundante direito ao protesto. O governo federal não freou isso, ao contrário, participou ativamente. Em meio às manifestações contra a Copa ou mesmo em 2013, a Força Nacional de Segurança é oferecida aos estados. Não foram levadas em conta as vozes críticas a esse processo repressor, e não brecar essa máquina foi um tremendo erro. Ao contrário, trilhou-se o caminho de uma maior securitização, com uma banalização progressiva, desde meados dos noventa, das operações de GLO (Garantia da Lei e da Ordem), assim como a brutal expansão do sistema carcerário. Longe de se contrapor, o Brasil de

---

4. Artigo 19 Brasil. *5 anos de Junho de 2013: como os três poderes intensificaram sua articulação e sofisticaram os mecanismos de restrição ao direito de protesto nos últimos 5 anos*. 2018. Sérgio Silva e Tadeu Breda. *Memória ocular: cenas de um Estado que cega*. São Paulo: Elefante, 2018, pp. 145-146. Igor Mendes. *A pequena prisão*. São Paulo: n-1, 2017, p. 43. Isaac Palma Brandão. *A presença do racismo no caso Rafael Braga*. São Paulo: Recriar, 2019, pp. 114 e 120.

APRESENTAÇÃO

Lula manteve a onda do encarceramento em massa e "a grande permanência que atravessa o sentido de nosso sistema jurídico-penal"[5] e isso acabou se voltando, pouco tempo depois, contra o próprio partido e sua principal liderança. Ao não se engajar nesse novo momento, teria sido primeiro destituído pelas ruas e depois derrubado pelo sistema?

## POTÊNCIAS

Em 2013, o medo, em geral sentido pelas pessoas comuns (por conta de sua vulnerabilidade permanente, em vários sentidos), vive uma mutação: os donos do poder o sentem contundentemente. Isso revela uma verdade da democracia, a de que o poder é da população e esta o cede ao Estado, constituindo o contrato social. Esses momentos de mundo de ponta-cabeça, nos quais se "respira o ar da igualdade" — que são muito preciosos e cujos efeitos são duradouros —, mostram de quem é a potência que não é exercida, e nesses momentos passa a sê-lo. Daí vem a grande força desses eventos, e não podemos esquecer dos *loucos dias* de junho (entre os dias 13 e 20 — entre a erupção e a diminuição das passagens), quando tudo parecia fugir — e fugia — de qualquer controle, como, por exemplo, no surpreendente e contundente apoio aos protestos com vandalismo por parte dos telespectadores do programa do Datena no dia 13; na tomada, dias depois, do teto do Congresso, em Brasília; e na Batalha da ALERJ, com uma grande fogueira ao pé da sua escadaria, em torno da qual "as pessoas dançavam em êxtase", com forte presença indígena (a Aldeia Maracanã tinha sido violentamente desocupada em maio, sendo também um fermento da rebelião).[6]

---

5. Vera Malaguti Batista. *A questão criminal no Brasil contemporâneo*. São Paulo: Oficina de Imaginação Política, 2016, p. 8.
6. George Orwell. *Hommage to Catalonia*. London: Penguin, 2000 [1938], p. 216. Camila Jourdan. *2013: Memórias e resistências*. Rio de Janeiro, Circuito, 2018, pp. 51-53.

O que clama o capítulo brasileiro de um fenômeno global, oito anos depois? Camus, na sua meditação sobre a revolta, exalta "sua força de amor e recusa sem delongas da injustiça", assim como sua doação total, ausência de cálculo e plena generosidade. 2013 merecia e merece desabrochar, de modo a "não atropelar o tempo próprio da imaginação criadora, para evitar o risco de interromper a germinação de um mundo". Baldwin, em outro contexto, fala do perigo de não nos contaminarmos com o acontecimento, pois "toda tentativa que nós faríamos para nos opor a essas explosões de energia levaria a assinar nossa sentença de morte". Poderia estar falando do Brasil recente? Do desperdício de uma potência coletiva? Se destituir o poder significa "trazer o poder para a terra",[7] isso envolve seguir as trilhas de todo um tecido de vidas e de formas de existir numa multiplicidade de territórios libertos (aldeias, quilombos, ocupações, assentamentos, espaços variados). Como habitar, viver e honrar esse acontecimento? Propõe Daniel, teólogo e militante professor, como caminho-interrogação.

---

7. Albert Camus. *L' homme révolté*. Paris: Gallimard, 1951, p. 379. Suely Rolnik. *Esferas da insurreição: notas para uma vida não cafetinada*. São Paulo: n-1 edições, 2018, p. 196. James Baldwin. "Down at the Cross: Letter from a Region in My Mind". EIn: *The Fire Next Time*. Londres, Michael Joseph, 1963, p. 99. comité invisível. *Aos nossos amigos: crise e insurreição*. São Paulo: n-1 edições, 2016 [2014].

*Querem nos obrigar a governar,
não vamos cair nessa provocação.*
PICHAÇÃO NA CIDADE DE OAXACA,
MÉXICO, EM 2006


Para Claudio de Oliveira Ribeiro,
como um modo de *agradecer*.

As ruínas de Junho

# Preâmbulo
## *Junho tem ainda algum sentido?*

> Não se domestica
> o bicho selvagem
> que cruza o caminho
> no meio da madrugada
> tampouco se foge dele
> se escreve o bicho.
> BIANCA DIAS,
> *Névoa e assobio*

Escrever este livro a partir da minha tese de doutorado, defendida em 2019,[1] não é uma tarefa fácil. A minha inquietação é sobre a relevância política em junho de 2013. Há algo de Junho que ainda nos favoreça a agir politicamente? Há algo ali para se compreender os acontecimentos da política brasileira, como a eleição e o governo de Jair Bolsonaro? Junho permanece como um campo aberto. Um marco de uma série de convulsões sociais e políticas que, em disputas, acabaram reconfigurando e ressignificando os espaços institucionais de uma democracia liberal. Os estilhaços políticos da destituição ficaram gravitando no pós-2013. Agora, tento recombiná-los para que sejam repensadas práticas políticas. Como continuar montando em "vizinhança" as novas combinações desses estilhaços?

---

1. Esse livro é resultado da minha tese de doutorado: "*A revolta da ineficiência*: os acontecimentos de junho de 2013 no Brasil e suas destituições político-teológicas". Ela foi defendida na Universidade Metodista de São Paulo, no Programa de Pós-graduação em Ciências da Religião. O texto que agora apresento é uma adaptação a partir de uma das temáticas da pesquisa. Para que esse livro fosse possível nesse formato e organização, agradeço profundamente a Renato Rezende, Acácio Augusto, Jean Tible, Angélica Tostes, Micael Guimarães e Fellipe dos Anjos.

O "bolsonarismo" veio e montou um programa fascista, numa disputa pelos estilhaços e novos tipos de contato entre os elementos que restaram das ruínas/rastros. Há alguma saída aqui?

No meu caso, o que eu desejo é saber como viver e como construir "formas-de-vida", formas de existir no mundo, de enfrentar os dilemas e as situações-limite, de saber se articular para o necessário. É a intenção de se inventar práticas sem horizontes de totalidade criados previamente e que a tudo organizam e ordenam.

A minha tese, publicada parcialmente agora, foi uma tentativa de escrever sobre desejos. Não como falta, mas como potência, a possibilidade de construir modos de viver e habitar a cidade, viver o corpo, sem ser capturado pelos dispositivos de poder — estado/mercado, por exemplo. E quando falo em dispositivo, penso na noção dada por Giorgio Agamben: "qualquer coisa que tenha de algum modo a capacidade de capturar, orientar, determinar, interceptar, modelar, controlar e assegurar os gestos, as condutas, as opiniões e os discursos dos seres viventes" (AGAMBEN, 2009, p. 40).

A busca é escrever a partir da experiência, e não qualquer uma. Aprendi desde dentro das teologias da libertação (TDL) a dizer um mundo a partir do viver-junto *com* os corpos crucificados de nosso tempo. *Ou ser* corpo-crucificado. Cruz como denúncia, ferida aberta, potência do não. Fazer TDL é possibilitar a construção e crítica de imaginários de deuses, dos seus esquemas, incluindo os deuses de morte e de sacrifício. Luta&conflito para se viver junto, para se garantir a vida, para reinventar e celebrar. Como diz Nancy Pereira: não nos interessa "a vida como um valor em si mesmo, fora dos limites e determinantes socioculturais. Afirmamos a vida em sua concretude, é dizer suas contradições e feixes de relações. Daí que a ética deixa de ser a defesa de absolutos para ser o discernimento do que é justo e belo nas particularidades" (PEREIRA, 2012).

O meu percurso teológico é marcado pelas TDL, especialmente nas construções realizadas pelo movimento ecumênico brasileiro e pela experiência dos movimentos de TDL em San Salvador (El Salvador), uma "história de interrupções", "interrompidas libertações", como escreve a própria Nancy Pereira. É a partir dessa experiência que me pergunto, também, pelos *deuses de junho*, e busco rasurar para criar outras possibilidades, desconstruir percursos. Assim, assumir o fracasso — inclusive de projetos políticos que foram impulsionados pelas TDL — para reimaginar. Não como vanguardas formuladoras, mas recolocando-nos em um outro lugar, no fazer junto. Portanto, desterritorializar saberes e práticas e profanar os "pedestais" da produção do conhecimento, colocando-nos na feitura de um comum, um saber ineficiente, na descriação, na inoperosidade, como nas provocações de Giorgio Agamben, importante autor para a reflexão que apresento nessa obra.

Em linhas parecidas, um grupo de pesquisadores escreveu um texto sobre "pesquisa-luta". Eles se colocam no *entre* luta&pesquisa, no híbrido, na terceira margem do binômio. Afirmaram buscar, dessa forma, ser "pesquisadoras, pesquisadores que sejam capazes de farejar onde estão *as dobras que podem nos mover*, as questões que os poderes dominantes tentam esconder a qualquer custo, que possam produzir interferências no sistema hierarquizado de saberes e que possam, de fato, sonhar com outros mundos, mas também praticá-los. Enfim, abandonar o delírio de fazer uma ciência neutra que revele as 'percepções' dos pobres (pra quê? pra quem?) e ensaiar novos laboratórios povoados de corpos, afetos, interferências" (MORAES, 2017).

Tento me colocar nesse fazer. Aqui, junho de 2013 é a minha dobra. Estive em junho. Fui levado. Empurrado. Ocupei. Fiz luta na neblina, não tinha clareza. As leituras e os modos de agir me colocavam em um labirinto. Por que junho foi disruptivo? Sabia que era preciso estar ali. O mínimo: a tarifa. Mas tinha mais. A cidade ganhou o centro da luta política. Articulações inesperadas e novos modos de ver a mobilidade. Irrupção. Violência do estado. Não tenho muita coragem para enfrentamentos e confrontos com a polícia. Tive muito medo. Fui ao lado das ditas organizações tradicionais da "jornada de lutas da juventude".[2] Junho era outra coisa. Ia além. Eu

---

2. A Jornada Nacional de Lutas da Juventude é uma mobilização nacional que integra "entidades estudantis, juventudes do movimento social, dos trabalhadores(as), da cidade, do campo, as feministas, os negros e negras, as juventudes partidárias, religiosas, LGBT, dos coletivos de cultura e das periferias" (UNE, 2014). Disponível online.

estava lá com o grupo de ecumênicas e ecumênicos, entre eles, gente da rede ecumênica da juventude. Junho era um paradoxo. Potências, contradições. Junho é um enigma. Quem conseguiu capturar? Era possível capturar? O que *resta* de junho?

Em 2013, ia muito a Brasília. Nessa época, participava do Conselho Nacional de Juventude — um espaço na Secretaria-Geral da Presidência da República. Um órgão consultivo que integra sociedade civil (2/3) e governo (1/3) para a formulação e a proposição de diretrizes para a ação governamental na promoção de políticas públicas de juventude. O conselho foi criado em 2005 no primeiro mandato do presidente Lula (PT), como um espaço propositivo, articulador, consultivo. Sobre as manifestações de junho, emitimos notas e dialogamos com o governo de Dilma Rousseff (PT).

Em setembro de 2015, assumi a presidência desse conselho nacional, numa ampla articulação que não encobria suas diferenças, ambiguidades e limites. Diversas organizações e vários projetos: uma outra política de drogas, III Conferência Nacional de Juventude, regulamentação do Estatuto da Juventude, Identidade Jovem, Internacionalização do Conselho, Juventude Negra Viva, Plano Nacional de Juventude, radicalização da participação social, Agenda do Trabalho Decente, sucessão rural, enfrentamento da homo-lesbo-bi-transfobia. As demandas eram imensas.

No dia a dia: cenários nebulosos e incertezas vivas. O estado-feito-deus e a regulação de nossas vidas, corpos e territórios, numa tentativa de capturar desejos. O estado-capital & seus servos. Tudo mais difícil. O que fazer? Demandas imediatas na institucionalidade da política, a ameaça de extinção da Secretaria Nacional de Juventude nos cortes coordenados pelo ministro Joaquim Levy. As contradições internas: estado-contra-estado, congresso reacionário. Era preciso imaginar — dentro&fora da institucionalidade: um outro conselho, uma outra participação social, um outro estado. Estávamos diante do esgotamento de um modelo de construção de políticas públicas de juventude. Era preciso ir além e radicalizar a democracia. Acreditávamos: junho de 2013 nos pedia uma outra política. Mas como fazer?

O golpe chegou: racista, misógino. Dilma fora. 2016 não foi fácil. Até o fim!

Mas o cenário se complicou ainda mais. As mudanças na agenda política se intensificam no pós-golpe. Em 2018, alguns acontecimentos marcaram a realidade brasileira. Assassinato de Marielle Franco e Anderson Gomes (14/03/2018) — sem se identificar seus autores e mandantes; prisão do ex-presidente Lula (07/04/2018), com muitos questionamentos e leituras que indicavam uma posição parcial e política da justiça; e a eleição de Jair Bolsonaro para a presidência da república, após derrotar — com boa margem — Fernando Haddad (PT).

Como escreve Jean Tible, retomando Pasolini: "estamos todos em perigo" (TIBLE, 2018a, p. 23). Ou, mais precisamente: "Embora sejam eventos — assassinato de Marielle e Anderson, prisão de Lula e eleição de Bolsonaro — que envolvem diferentes gerações, causas específicas e diferentes magnitudes, eles estão conectados porque a mensagem do país para a população é a seguinte: os mal-nascidos não têm lugar na política." (2018a, p. 23). Quais são os corpos permitidos em uma realidade marcada pelo elogio à "gestualidade do extermínio"? A vitória do então candidato do PSL (Partido Social Liberal) é sustentada no apoio de militares, em setores do judiciário, no apoio de grupos evangélicos e católicos, em certos poderes econômicos e em dimensões geopolíticas, numa relação com o governo e atores estadunidenses (TIBLE, 2018a, pp. 12–21). Uma eleição que — ainda em diálogo com Jean Tible — só se tornou possível devido à: 1) conexão de Bolsonaro com os protestos pelo impeachment da presidenta Dilma, transformando-se em um canal político daqueles desejos provocados pela perda de prestígio dos setores médios e superiores, na medida em que os pobres conquistavam certos espaços antes privilegiados/brancos; 2) presença do ativismo de práticas e ideais (neo)fascistas, reagindo à exuberância de corpos livres de negros, mulheres, pobres e LGBTQIA +; e 3) busca pelo voto de mudança e revolta com a crise política, social e econômica que o país enfrenta; nela Bolsonaro se apresentava como o candidato antissistema, liberal na economia e conservador na moral (2018a, pp. 8–12).

Desde a primeira semana de janeiro de 2019, o governo Bolsonaro apresentou algumas medidas prometidas em sua campanha. Fragilidades, tensões, contradições entre o presidente e integrantes do governo, decisões que ampliaram a "necropolítica" do Estado. O que também ganhou intensidade no período da pandemia da covid-19, com políticas que criaram " 'mundo de morte', formas únicas e novas de existência social, nas quais vastas populações são submetidas a condições de vida que lhes conferem o estatuto de 'mortos-vivos' " (MBEMBE, 2018a, p. 71).

As políticas de morte — não iniciadas agora — se relacionam com a conjunção entre neoliberalismo e autoritarismo. Antonio Negri chega a dizer, em um texto emblemático — "Primeiras observações sobre o desastre brasileiro" —: "é importante sublinhar esta deformidade usual: a força do autoritarismo é chamada em apoio à crise do liberalismo. Agora, nesta perspectiva, o fascismo parece apresentar-se (embora não somente) como a face dura do neoliberalismo, como pesada recuperação do soberanismo, como inversão do slogan 'primeiro o mercado, depois o Estado', em várias formas, nos pontos de máxima dificuldade do desenvolvimento ou de quebra de seus dispositivos, ou melhor, em face das fortes resistências que emerjam" (2018).

Mas também encontro análises nesse sentido nas reflexões de Pierre Dardot e Christian Laval (2016). O neoliberalismo — como "razão do mundo" — não é apenas um tipo de política econômica, mas é "um sistema normativo que ampliou sua influência ao mundo inteiro, estendendo a lógica do capital a todas as relações sociais e a todas as esferas da vida" (2016, p. 7). E mais: possui um caráter sistêmico, uma ampla "capacidade de autofortalecimento" e deriva de um "antidemocratismo" que nos está fazendo entrar — conforme Dardot e Laval — em uma era "pós-democrática".

Como também sustenta A. Mbembe, "o principal choque da primeira metade do século XXI não será entre religiões ou civilizações. Será entre a democracia liberal e o capitalismo neoliberal, entre o governo das finanças e o governo do povo, entre o humanismo e o niilismo" (2017). Essas três perspectivas apontam para um cenário de transformações radicais no modo político. Estaríamos aqui diante da urgência de novos *usos* da política? Ou, como indica Alana Moraes, "uma nova politicidade — uma política no feminino, como muitas feministas vêm chamando, mas também uma política que volte à forma comuna, vamos dizer assim, ao problema de organizar a vida em um território, em um lugar, uma esquina de encontro — não para fugir da disputa de poder, mas para entendermos que poder é esse que queremos disputar e para restituir nossas capacidades de decidir sobre as nossas vidas" (2018, p. 10).

Sem falas triunfantes, sem narrativas imponentes ou ressentidas, escolhi reparar nas pequenas coisas. Estamos no inferno. Vivemos no inferno. Mas como disse o filósofo Franco Berardi: "no inferno temos a capacidade, que é irônica, de criar espaços de vida sensíveis, de vida que não esqueça a felicidade como uma dimensão possível. Não esquecer a possibilidade de ser feliz, essa é a palavra de ordem hoje. Não esquecer a possibilidade de uma afetividade feliz e perguntar pela abolição do inferno, como sempre foi dito pelos amigos '*terroristas*'. Abolir o inferno, esse é o ato irônico essencial que precisamos fazer nesse momento" (BERARDI, 2017).

Tem vida que pulsa, tem revolta, tem ocupação, tem carne, tem desejo e tem potência em muitos cantos. Assim, escrevi a tese, que dá origem a esse livro, no inferno. Não só político. Mas escrevo pela alegria. Os atravessamentos estão aí. O aparelho de Estado é uma forma de interioridade — como aprendi com Deleuze & Guattari — "que tomamos habitualmente por modelo, ou pela qual temos o hábito de pensar" (1997, pp. 10-11). No pensamento, há uma forma de Estado. É preciso deixar-se afetar para abalar o aparelho do Estado — fora de nós e interiorizado em nós.

Esse texto foi escrito desde minhas diferenciações.

Pessoalmente, celebrei o Estado, sou da geração do *lulismo*. Mas nele me desencantei. A experiência vivenciada no Conselho Nacional de Juventude me faz perguntar cotidianamente sobre a nossa relação com o estado. Será que não o absolutizamos na gestão de nossas vidas e corpos por meio da construção de políticas públicas? Ao pensarmos a experiência dos governos progressistas na América Latina, não cantamos louvores ao Estado e nos iludimos em sua liturgia na possibilidade de, estando no "santo dos santos" do poder, virarmos o Estado e construirmos políticas "justas e cidadãs"? Soubemos apontar os limites e imaginar outras possibilidades de fazer-política, de agir diante do Estado neoliberal?

Essas perguntas não são simples de serem respondidas. Pareço escrever em paradoxos que não se resolvem. Apenas encontro lugares cômodos para dizer, para praticar. Dentro deles. De algum modo, tento narrar n(o) inferno para abolir o inferno. Novos usos dos corpos para novas e outras "formas-de-vida". Imaginar na derrota para fazer nascer outras subjetividades, outras formas de viver junto. Criar espaços de silêncio, de lentidão, de contemplação. A busca de uma alegria — como escreve Agamben — nascida da libertação da inoperosidade aprisionada na arte, na política (e, poderia dizer também, na própria teologia); uma alegria nascida do ser humano que contempla a si mesmo e contempla a própria potência de agir (AGAMBEN, 2017, p. 310).

Junho é a experiência que provoca o meu pensamento. Não na nostalgia das "ciências tristes", criadas desde a falta e a melancolia da ausência. O meu ponto de partida é um "acontecimento", compreendido nos moldes de Veena Das. Em primeiro lugar, seguindo a síntese que Francisco Ortega faz do pensamento dessa importante antropóloga indiana, um acontecimento apresenta um "contexto extremamente fluido, em que o cálculo ou a motivação dos vários atores não são automaticamente decifráveis, comparáveis ou redutíveis às histórias das economias, dos sistemas políticos ou das estruturas sociais" (2008, p. 30). Em segundo lugar, o acontecimento "tem um caráter inacabado, evidente em sua esmagadora capacidade de se projetar para presentes futuros e tornar-se uma referência inescapável, de tal forma que os grandes projetos coletivos do momento precisam ser legitimados a partir dele" (2008, p. 32). Por fim, o acontecimento tem um caráter aberto e se "manifesta em sua capacidade de estruturar, inclusive de maneira silenciosa, o presente" (2008, p. 33).

Em um artigo publicado na revista *Piauí*, Fernando Haddad analisa o cenário político brasileiro e traz uma narrativa sobre a sua vida pública. Na leitura realizada por Haddad, há uma importância dada às manifestações de junho. Como ele escreveu: "Volto a 2013, de onde parti, para enfrentar a pergunta fundamental se quisermos entender os últimos anos e a situação atual do país: como explicar a explosão de descontentamento ocorrida em junho daquele ano, expressa na maior onda de protestos desde a redemocratização?" (HADDAD, 2017, p. 33). A pergunta é latente. Junho é uma janela fundamental para compreendermos a realidade política atual. É difícil buscar interpretar o Brasil passando por cima daquelas mobilizações. A questão é como compreenderemos esse *"junho disruptivo"*[3] desde suas contradições, ambiguidades e potências. Nas linhas de Veena Das, posso dizer que Junho é "extremamente fluido", não dá para decifrá-lo facilmente nos esquemas econômicos, nos sistemas políticos hegemônicos ou nas estruturas sociais. Junho é inacabado. Ou, como anunciavam: "Junho está sendo, junho é, junho será" (MORAES, 2014, p. 21). E "os projetos coletivos do momento precisam ser legitimados a partir dele". Ou: para se fazer como projetos, precisam deslegitimá-lo. Junho pode ser uma porta para se compreender e viver no presente. Se esse acontecimento é ponto de partida, como ele será abordado? Quais serão os contornos e delimitações para essa "pesquisa-luta"?

Para além do exercício de uma simples descrição das mobilizações de junho de 2013, esse livro assume essas mobilizações como um enigma que desperta a reflexão e pode favorecer o debloqueio do desejo para se deixar interpelar por novas práticas políticas e estéticas. Para essa intenção, é preciso escolher referenciais teóricos que elaborem perspectivas que nos coloquem para além das polaridades que incluem as Jornadas de Junho como grande esperança de reorganização das esquerdas ou simplesmente um movimento capturado pela direita e por grupos antidemocráticos (BRINGEL, 2017). É uma busca por compreender essas manifestações para além da política como necessidade de produção e eficiência tático-estratégica direcionada às institucionalidades, à elaboração de marcos legais e à efetivação de políticas públicas. Por esse motivo, tomo os acon-

---

3. Para esse conceito, cf. a tese de doutorado de Josué Medeiros: MEDEIROS, Josué. "Para além do lulismo: o fazer-se do petismo na política brasileira (1980-2016)". Tese de Doutorado. Rio de Janeiro: UERJ, 2016, pp. 254–264.

tecimentos de junho de 2013 como uma *"revolta da ineficiência"*. Explico esse conceito.

Essa terminologia foi utilizada pelo filósofo Rodrigo Bolton.[4] Perguntado sobre as relações entre mobilizações sociais, o humor e a eficiência política, ele toma como exemplo a Primavera Árabe e — em diálogo com Giorgio Agamben — responde:

a ineficácia constitui o reduto da insurreição [...]. Em termos muito concretos, as revoltas árabes, por exemplo, da praça Tahrir... Foi dito até cansar, em um discurso politólogo bastante oficial, que as revoltas não serviram para nada, por que finalmente as revoltas em si radicalizaram a guerra civil, a Líbia ficou completamente destruída, no Egito se instituiu uma ditadura muito mais feroz em relação àquela que havia antes, os poderes imperiais assolaram com maior crueldade o espaço... Mas me parece que é preciso ler o assunto de outro modo. *A revolta restituiu a capacidade de uso.* E precisamente por isso é ineficiente. Creio que o convite *agambeniano* [para se pensar a política] é a revolta da ineficiência (BOLTON, 2017).

O centro da discussão sobre ineficiência é a *filosofia do uso*. Um novo uso da política. Como pergunta Agamben, é possível pensar "uma forma-de-vida, ou seja, uma vida humana totalmente subtraída das garras do direito e *um uso dos corpos* e do mundo que nunca acabe numa apropriação? Ou seja, pensar a vida com aquilo de que nunca se dá propriedade, mas apenas uso comum" (AGAMBEN, 2017, p. 11). Oswaldo Giacoia sintetiza esse desejo presente em Agamben nos seguintes termos:

A partir da postura crítica de Benjamin e Agamben, talvez estejamos colocados, *dopo la diagnose*, diante da indeclinável tarefa de uma profanação do direito como condição prévia para uma renovação dos quadros conceituais da política, para uma liberação da política de seu confisco no interior dos limites fixados pela organização jurídica do Estado; trata-se de uma tentativa de desativação de procedimentos e comportamentos cristalizados, atrelados de forma rígida a uma finalidade inveterada, liberando-os para a invenção, necessariamente coletiva (vale dizer, política), de *novos usos* (2018, pp. 19-20).

---

4. Conferência "O sorriso de Agamben" no VI Colóquio Internacional IHU — Política, Economia, Teologia. Contribuições da obra de Giorgio Agamben (2017).

É possível encontrar rastros desses *novos usos* nas mobilizações de junho? A minha suspeita é que sim. Considero, portanto, que esses acontecimentos são como "dobradiças" político-teológicas. De um lado, junho desvela a *assinatura* teológica do Estado e possui um potencial profanatório e destituinte do fazer-político moderno. Do outro, ao indicar outros modos de viver a política e (re)imaginar o "sagrado", Junho favorece os processos de revisão de projetos históricos numa *política ineficiente*.

Seguindo as discussões anteriores, Rodrigo Bolton diz: "O que está em jogo em toda ação política, no fundo, sempre, [é que] antes de um poder, está em jogo uma potência, por mais invisível e capturada que essa potência esteja" (2017). A potência está no centro. Tanto nas "revoltas ineficientes" como no pensamento de Giorgio Agamben. O desafio dado nesse ponto de partida é ler Junho desde a chave da "potência destituinte". Explico essa noção resgatando uma palestra dada por Giorgio Agamben em 2013, em Atenas. Diz ele:

A partir da revolução francesa a tradição política da modernidade concebeu mudanças radicais sobre a forma de um processo revolucionário que age enquanto *pouvoir constituante*, o *"poder constituinte"* de uma nova ordem institucional. Creio que temos de abandonar este paradigma e procurar pensar algo como uma *puissance destituante*, uma *"potência destituinte"*, que não possa ser capturada na espiral de segurança (AGAMBEN, 2013).

Nessa palestra, Agamben procura analisar a Europa a partir da noção de segurança cunhada desde 11 de setembro de 2001. Há, desde o imaginário de terrorismo construído naquele momento, uma outra perspectiva de segurança, "um paradigma securitário" que organiza o Estado e a política moderna, inscrito na história e na origem do "Estado de exceção". Esse paradigma "implica que cada dissenso, cada tentativa mais ou menos violenta de derrubar a sua ordem, cria uma oportunidade de o governar numa direção rentável. Isto é evidente na dialéctica que vincula o terrorismo e o estado numa espiral viciosa sem fim" (AGAMBEN, 2013). Um estado neoliberal que captura e enquadra processos de ruptura em uma nova ordem. Como pontua Agamben, resgatando W. Benjamin, a "potência destituinte" busca uma violência pura que consiga "romper com a dialéctica falsa da violência que faz as leis, e da violência que as mantém" (AGAMBEN, 2013). Nessa perspectiva, junho de 2013 não estaria bem mais próximo de uma "potência destituinte" que próximo e ligado a um "poder constituinte", na busca de uma nova ordem institucional e novamente enquadrado em um "paradigma securitário"? Junho não poderia ser interpretado para além da pergunta pela consequência política-estratégica e visto como uma revolta capaz de "expor claramente a anarquia e a anomia capturadas nas tecnologias securitárias do governo" (AGAMBEN, 2013), como Giorgio Agamben nos indica?

É por esse caminho que desejo ler Junho. Um acontecimento de potências destituintes. Mas para isso, é imprescindível compreendermos, ainda nesse tópico, a arqueologia. O motivo? É por meio dela que Agamben se aproxima da noção de *potência*. Para Oswaldo Giacoia, Agamben empreende a arqueologia como estudo e como prática, e em toda investigação histórica de um determinado fenômeno, "o que importa é *seu decisivo ponto de irrupção, insurgência ou proveniência*, uma instância que só pode ser detectada com base num confronto renovado com as fontes e com a tradição" (2018, pp. 13-14). Estamos aqui diante de uma arqueologia para "elaborar o diagnóstico do presente", como também fez F. Nietzsche e M. Foucault, cada um a seu modo (GIACOIA, 2018, pp. 13-14). Para Giacoia, Agamben — nesse caminho "arqueogenealógico" — toma elemento desses dois autores, acrescidos de um messianismo presente em W. Benjamin, "que não se confunde com a instauração (mesmo revolucionária) de um reinado celeste na terra" (2018, p. 21).

A arqueologia assume, assim, um "lugar de acesso ao presente". No livro *Sgnatura rerun* (2010), Agamben traz de maneira detalhada a sua noção de "arqueologia filosófica" e como ela pode ser entendida como o seu método de investigação. Em um trajeto que abre diálogos com Kant, Freud, Foucault, Melandri, Nietzsche e Benjamin — entre outros —, Agamben apresenta "uma nova maneira de pensar as 'origens', aquela que se move ao lado de ambos — Freud e Foucault — mas que também nos aponta em direção à realização de uma 'arqueologia da violência' como uma maneira possível de repensar algo como uma 'arqueologia do sagrado'" (DICKINSON, 2019, p. 16). De maneira mais precisa, a arqueologia, para Agamben, seria

[...] aquela prática que em qualquer indagação histórica não trata das origens, mas com *a emergência* do surgimento de um fenômeno e, por isso, deve engajar novamente as fontes e a tradição. Não se pode confrontar a tradição sem desconstruir os paradigmas, técnicas e práticas pelas quais a tradição regula as formas de transmissão, condiciona o acesso às fontes e, em última análise, determina o próprio estatuto do sujeito cognoscente. (AGAMBEN, 2010, p. 121)

Sobre essa emergência indicada acima, vale ainda pontuar que ela se situa não na clareza e em um dos polos da dicotomia sujeito x objeto, mas num "umbral de indecibilidade entre ambos". Por isso, "esta nunca é uma emergência do acontecimento sem ser, ao mesmo tempo, a emergência do próprio sujeito cognoscente: a operação sobre a origem é, do mesmo modo, uma operação sobre o sujeito" (AGAMBEN, 2010, p. 121). Ao falarmos do "acontecimento" Junho — como indiquei —, estou emergindo aí também. Como todo outro corpo *"qualquer", ninguém*, que se levanta nessa insurgência. Se, seguindo Benjamin, a arqueologia remonta ao curso da história a contrapelo, a imaginação remonta à biografia individual. Ambas "representam uma força regressiva que, sem dúvida, não retrocede, como a neurose traumática, construindo uma origem indestrutível, senão — ao contrário — constrói o ponto no qual, segundo a temporalidade do futuro anterior, a história (individual e coletiva) se faz pela primeira vez acessível" (AGAMBEN, 2010, p. 144).

Em histórias pessoais e coletivas, a arqueologia como método não busca o sentido do começo (*cronológico*) dos processos, mas o sentido da irrupção (*kairológico*). Micropolíticas e novas subjetividades emergidas. O que se aproxima da noção de W. Benjamin: *Ursprung*, que significa "florescimento". Esse conceito refere-se mais a "uma apreensão do tempo histórico em termos de *intensidade* e não de cronologia" (GAGNEBIN, 1999, p. 9). Nessa perspectiva, ainda segundo Jeanne Marie Gagnebin, "*Ursprung* designa, portanto, a origem como salto (*Sprung*) para fora da sucessão cronológica niveladora à qual uma certa forma de explicação histórica nos acostumou. Pelo seu surgir, a origem quebra a linha do tempo, opera cortes no discurso ronronante e nivelador da historiografia tradicional" (GAGNEBIN, 1999, p. 10).

Ao me aproximar da arqueologia, e dos seus conceitos relacionados, não procuro uma reconstrução dos fatos, não estou enclausurado na cronologia e nos desdobramentos do pós-Junho e não me interrogo simplesmente sobre as relações de causa e efeito desses atos. O que me inquieta é essa *força destituinte*, essa *potência* que pode ser imaginada, com a "forma de um passado no futuro, quer dizer, de um *futuro anterior*" (AGAMBEN, 2010, p. 143). Um "*que vem*" não linear, não esperado como o dia seguinte da história. Estamos numa certa suspensão da exigência do factual, da relação estanque entre sujeito e objeto. A busca pela potência parece habitar o vazio entre as bipolaridades — como "experiência antiga" e "experiência utópica". A *arché* "não é um dado ou uma substância, mas sim um campo de correntes históricas bipolares, tensas entre a antropogênese e a história, entre a emergência e o devir, entre um arque-passado e o presente" (AGAMBEN, 2010, p. 149). Essa leitura é interpelada pelo futuro anterior de junho, perguntando-se pelo "passado que terá sido", uma potência que possibilita a imaginação de uma *política que vem*, em novos usos.

A *arché* imaginada de um junho imaginado me coloca diante da pergunta pelas *"formas-de-vida"* em cidades desiguais, em cidades mediadas pelos muros e pelas "catracas". Uma *"forma-de-vida"* é aquela vida humana totalmente retirada das tramas do direito, com um uso dos corpos e do mundo nunca apropriados e cooptados pelos dispositivos de poder. Aí, no momento em que os dispositivos são desativados, a potência se torna forma-de-vida, uma vida destituinte (AGAMBEN, 2017, p. 11). Uma vida distante dos destinos éticos, da essência ou do ser, da tarefa histórica a se realizar rumo a um horizonte de plenitude. Uma vida não transformada em propriedade, nunca dada a ser posse. Uma vida na imanência do *comum*, aberta, uma radical possibilidade de deixar-se atravessar pelas "paixões alegres" — nas boas provocações de Espinosa (2009) — para uma vida na ineficiência, na ineficácia.

No fundo, a busca arqueológica de Junho me coloca diante da provocação feita pelo Comitê Invisível sobre o Occupy Wall Street, em que o verdadeiro conteúdo dessas ocupações "não era a reinvindicação de melhores salários, de casas decentes ou de uma previdência social mais generosa, mas a *repugnância pela vida que somos forçados a viver*" (COMITÊ INVISÍVEL, 2016, p. 57). Qual vida desejamos viver, como construiremos nossas relações, nossos amores? O *"passado que terá sido"* de Junho — com a emergente destituição do poder — nos coloca diante da potência imaginativa de vida, "entrever um mundo povoado não de coisas, mas de forças, não de sujeitos, mas de potências, não de corpos, mas de elos. É por sua plenitude que as formas de vida alcançam a destituição. Aqui a subtração é a afirmação, e a afirmação faz parte do ataque" (COMITÊ INVISÍVEL, 2016, p. 57).

Como, então, ocupar-se, ficcionalmente, como um "arqueólogo de Junho"? Giorgio Agamben, ao iniciar as discussões sobre a "arqueologia filosófica", em diálogo com Kant, indica que a arqueologia é uma "ciência das ruínas, uma 'ruinologia', cujo objetivo, mesmo sem constituir um princípio transcendental no sentido apropriado, nunca pode realmente ser dado verdadeiramente como um todo empiricamente presente" (AGAMBEN, 2010, p. 111). Nesses traços, pretendo investigar Junho desde suas ruínas — o título desse livro. Saber olhar os textos, os escritos, as memórias inventadas, o que foi deixado. Nos destroços permaneço, mesmo no resíduo, nos rastros. Uma leitura *menor*, não pela sua possibilidade. Mas diante dos espectros e fantasmas da grande política que tudo deseja encaminhar e organizar. Habitar a ruína é um modo de ver, de perceber, de escavar imaginários para fazer nascer outros.

Sobre isso, vale resgatar o documentário francês *Os respigadores e a respigadora* (1999), de Agnès Varda. O filme se inicia a partir do quadro *As respigadoras*, de Jean-François Millet (1857). Agnès Varda — seguindo uma "tradição" de apanhar as espigas após a colheita do trigo — procura reencontrar os descendentes desses "respigadores". Mas não apenas no campo. O seu exercício é encontrar esse modo de respigar, de procurar os restos também na cidade. Respigar batatas. Mas não só. A sua escolha é assumir esse movimento de procura pelos "detritos" também no processo de feitura do filme. Por isso, o seu pacto é "se assumir como respigadora de imagens — de forma explícita" (GOMES, 2001). O documentário é esse processo de ir buscando rastros, ouvindo relatos, construindo percursos errantes. O seu desejo é encontrar novos modos de viver, com uma potência da reinvenção e transformação. É o desafio de localizar e visibilizar rastros de catadoras e catadores errantes que imaginam *novos usos*. Como diz o artista Hervé, em um depoimento no filme: "O que os objetos recuperados têm de bom é que já vem com uma existência, já viveram. Não os quiseram mais, e eles continuam com vida. Basta dar-lhes uma segunda oportunidade" (LODDI & MARTINS, S/ D, p. 5). Ou o depoimento do também artista Louis Pons: "Todas essas coisas à nossa volta são o dicionário. São coisas inúteis. Para as pessoas é um montão de porcarias, pra mim é um montão de possibilidades. São indicações, pequenos traços que eu apanho e que se tornam os meus quadros" (LODDI & MARTINS, S/ D, p. 7). Assumo um papel de "respigador". Um catador das imagens deixadas para trás. Para isso, tomo como referência os "escritos" de Junho. A partir das "mensagens levadas às ruas em cartazes, faixas, bandeiras, pixações e outras grafias", desejo encontrar esses rastros destituintes. Tomo como base a coleta realizada por Roberto Andrés e que está disponível (como um acervo digital) no site do projeto de que leva o nome de Grafias de Junho.[5] Como escreve Andrés,

---

[5]. *Grafias de Junho* "é um projeto colaborativo [lançado em junho de 2018] em busca da reconstituição da memória sobre o maior ciclo de manifestações da história recente do país. Propõe uma chave de entendimento daquela jornada de protestos a partir das mensagens levadas às ruas em cartazes, faixas, bandeiras, pixações e outras grafias. O projeto faz parte da pesquisa de doutorado em história das cidades de Roberto Andrés, com orientação de Guilherme Wisnik, realizado na Faculdade de Arquitetura e Urbanismo da USP. Não há fim lucrativo e os fotógrafos cederam voluntariamente as imagens para o banco de dados. A presença da fotografia no banco de dados não significa que ela possa ser reproduzida livremente. O regime de reprodução das imagens foi especificado por cada fotógrafo, havendo algumas em modo creative commons e outras com direitos reservados. O projeto é abrigado no grupo de pesquisa Cosmópolis, da UFMG, em colaboração com o Laboratório para Outros Urbanismos, da USP. Conta com o apoio das bolsistas Ana Caroline Azevedo, Mirela Matos e Bárbara Contarini". Disponível online.

# PREÂMBULO

Foi para buscar contribuir com o debate e a memória acerca de 2013 que comecei a catalogar a produção gráfica de mensagens políticas daquelas jornadas. Afinal, os períodos insurgentes permitem aflorar em suas rachaduras demandas urgentes, questões recalcadas, utopias, contradições e provocações que dizem muito sobre o país e o mundo em que estão inseridos (ANDRÉS, 2018).

Agora me coloco diante da teologia. Uma teologia desde o inferno, atravessada e provocada pelas *potências destituintes* de Junho. Parece estranho para as análises mais "modernas", elaboradas desde a dicotomia entre religioso e secular, público e privado, uma ideia de um estado teológico. A base para essa leitura está nos imaginários de um Deus soberano que governa o mundo e a vida social (AGAMBEN, 2011, p. 13). Assim, a imagem de um único Deus e a sua transcendência e poder, junto com a capacidade de governo da vida humana, fundamentam o Estado moderno em sua soberania e em sua organização e modo de atuação. O Estado assume o seu lugar "sagrado" (atrelado ao capital e desejo de privatização do "público") e regula as vidas, os corpos e os modos de viver e existir nos espaços da cidade. As imagens de um Deus todo-poderoso, soberano e patriarcal legitimam e são a referência do Estado. Mas o contrário também é verdadeiro. O modo de atuação do Estado legitima e necessita do Deus Pai todo-poderoso. Há uma retroalimentação dos dois polos desde o que são e como atuam e exercem o governo (ser e práxis). Esse processo é muito mais profundo que um slogan "Brasil acima de tudo, Deus acima de todos" ou o uso dessa lógica pelo atual presidente da república. E a crítica a essa concepção ainda se sustenta em um problema que me parece superficial: o religioso é o desvio, a ruptura, o equívoco no Estado-nação laico e plural. Não é essa tese que defendo. O esquema mítico-teológico não é uma novidade das "democracias" ditas "pouco racionais". Mera ilusão. O Estado moderno, ao contrário, só é o que é por se sustentar em um esquema mítico-teológico. Portanto, não estamos diante de um desvio, mas "desvelando" o esquema mesmo do estado. Aqui, penso nesse livro, está Junho.

Os marcos categoriais que organizam de maneira hegemônica as reflexões da filosofia política moderna constroem uma separação discursiva entre o religioso e o secular; e, por isso, limitam a investigação do Estado e o seu governo das populações. Enquadra-se, assim, as experiências e os fenômenos como realidades apenas seculares ou simplesmente religiosas. Ao se buscar construir outros marcos categoriais para além da razão moderna, rompe-se com essa dicotomia e: i) pode-se investigar o paradigma teológico na sustentação do estado — como nos estudos desenvolvidos por Agamben; ou ii) é possível investigar como os imaginários teológicos podem ser uma potência inoperosa diante de uma teologia do Estado soberano e da gestão das populações.

Nancy Cardoso Pereira, no artigo *"Interrompidas venceremos! Rascunhos sobre libertação e fracasso"* (2017), escreve sobre um tema central desse livro:

*Falemos então sobre o fracasso*: irmão gêmeo do sofrimento e filho da violência. O fracasso das lutas revolucionárias e dos processos políticos de libertação não pode ser avaliado a partir de critérios de eficiência e realização. As condições objetivas e subjetivas das lutas de libertação se dão por dentro dos marcos de um capitalismo feroz, num quadro de luta de classes, racismo e sexismo vincado por mecanismos de exploração, alienação e violência. Não são as ideias que movem as lutas, mas são processos de organização, mobilização e de enfrentamento reais que experimentam reações concretas e que determinam avanços, empates e.... Derrotas. *A eficiência e a incidência são critérios disciplinados pelos dominadores.* Não significa menosprezar a dor ou idealizar a derrota, mas manter os processos de crítica e autocrítica fora dos processos de assimilação e aniquilação dos "despojos atribuídos ao vencedor" (PEREIRA, 2017, p. 51).

Fracasso e eficiência. Não são estas duas palavras combinadas muitas vezes para se avaliar as ações em junho de 2013 — especialmente após a eleição de Jair Bolsonaro? Quero seguir essas linhas de Nancy Cardoso para me aproximar do tema das teologias e destituições. Quais são os critérios que avaliam a atuação política? Como saber olhar os processos, apreender de seus movimentos, desde seus rastros e abandonos? É possível fazer teologias (como a de libertação) sem a chave da eficiência dos projetos históricos? É possível ensaiar teologias (de libertação) sem a eficiência tático-estratégica de um Deus que vence no êxodo-de-antes-e-de-agora? Sobre essas indagações, permita-me mais uma citação do Comitê invisível:

para tornar irreversível a destituição, é necessário, portanto, começar renunciando à nossa própria legitimidade. Temos de abandonar a ideia de que se faz revolução em nome de algo, que haverá uma entidade, essencialmente justa e inocente, que as forças revolucionárias seriam incumbidas de representar. *Não se manda o poder por terra para elevar a si mesmo aos céus* (COMITÊ INVÍSIVEL, 2016, p. 91)

Essa linguagem é teológica. Destituição e profanação diante de uma entidade elevada à categoria de sagrada, fora do âmbito comum da vida. Essa forma específica de poder, em um Estado neoliberal, tem uma *assinatura* de um Deus soberano que governa. Se a evidência do paradigma teológico que organiza o Estado — "desvelado" nos "junhos que estão sendo" — pode ser um primeiro elemento que desperta e mobiliza esse livro, um segundo é a necessidade de se perguntar pelos *deuses destituídos* desde Junho — fora da chave da eficiência e eficácia. Como apreendemos de Ivone Gebara (2014), perguntar-se por Deus, pelos caminhos de Deus, é se perguntar, antes de tudo, pelos nossos caminhos e nossas imaginações — permeadas por sentidos múltiplos no cotidiano. Ou, para fazer uma analogia, será preciso *fazer com a teologia o que Junho fez com a política* — um novo uso inoperante. A abertura para toda possibilidade. É se apropriar do acontecimento Junho (sua potência) e transferi-lo para dentro do fazer teológico — especialmente nas esteiras de libertação. Como dito por Gustavo Gutiérrez (2000), esse modo de fazer teologia (essa espiritualidade) é uma reflexão crítica, um ato segundo desde processos históricos da vida das pessoas. Essas vidas de Junho, esses corpos errantes inquietos por criar "formas-de-vida" redescobrem a *"potência de agir"*. Por isso, essa destituição é uma labuta teológica. Sair do paradigma da soberania-governo é uma tarefa, no fundo, de destituição de um esquema-Deus e seus processos de subjetivação.

Talvez eu esteja seguindo uma provocação feita pela própria Nancy Pereira: "Qual a teologia pra esse tempo? Uma que desexplique! Uma impermanente! Precária, por favor! Feminista! *Queer*! Libertadora de deus e de si mesma!" (PEREIRA, 2017, p. 52). Uma teologia *menor*. Sem os grandes monumentos, mas nas situações, potências e forças particulares; que aprenda de processos insurgentes muito mais do que apresente a eles seus — ditos — rumos de libertação e os seus mapas para o "paraíso perdido". Aqui ou em qualquer lugar. Uma teologia *menor* que se deixe ser atravessada pelas *potências destituintes* — de Deus e da própria teologia. Deus *qualquer*. Saberemos imaginar "formas-de-vida", de organização da vida? Deuses no chão, profanados.

Encerro esse preâmbulo com uma estruturação da escrita. Organizei o texto em alguns momentos. Além do *prêambulo* (parte 1) e do *limiar* (parte 10), me interesso em como os acontecimentos de Junho desvelam a *assinatura* teológica do Estado tanto em sua combinação entre exceção e soberania (parte 2), como no jogo entre campo, biopolítica e governamentalidade na cidade (parte 3), em que a política se transforma em técnica desde o consenso e suas estratégias de participação social (parte 4). Também apresento nesse livro que toda essa articulação acontece devido à constituição de uma "democracia gloriosa" e as estratégias do Estado em encobrir, no binômio soberania/biopolítica, o seu *vazio* (parte 5). Esse "acoplar" é possível graças à *assinatura* teológica da trindade, especialmente uma teologia da providência divina. No entanto, os acontecimentos de Junho também possibilitam brechas que deslocam poderes e forças, com rastros destituintes e as suas "paixões ingovernáveis" na política (parte 6); as tentativas de profanação dos dispositivos da cidade e da sua governança neoliberal, simbolizados, por exemplo na "catraca" (parte 7); as possibilidades, exemplificadas também nos *black blocs*, de dessubjetivação e de um *agir qualquer* diante de uma política de sujeitos (parte 8). E, por fim, encerro com as alianças dos corpos errantes em junho de 2013, um outro uso da política (parte 9).

O texto que segue é resultado da paixão.

Como aprendi de E. Lévinas, procurei não cair na fala "*necrológica*" dos discursos impessoais. E como ouvi de tantas e tantos mestres das teologias da libertação, busquei colocar o pensamento em movimento desde as insurgências e rebeldias pequenas, singulares — nossos desejos, nossos fracassos, nossas lutas-da-casa-e-da-rua, nossa felicidade por sermos corpos que sabem lidar com *as ruínas de um mundo*.

Pichação em um ônibus na cidade de São Paulo, 13 de junho de 2013.
Foto: Yuri Kiddo.

# Junho, a soberania e o Estado violento

A fotografia de Yuri Kiddo evidencia uma das falas de Junho. "Violento é o Estado". Violências de todos os modos. Igor Mendes, a partir do levantamento realizado pela organização Artigo 19, indica que "nos 696 protestos registrados especificamente em junho de 2013, houve oito mortes, 837 pessoas feridas, 2.608 pessoas detidas e 117 jornalistas agredidos ou feridos" (MENDES, 2018, p. 16). Mais diretamente, algumas das "principais violações perpetradas pelo estado" foram:

1. Falta de identificação dos policiais

2. Detenções arbitrárias, como detenção para averiguação, prática extinta desde o fim da ditadura militar.

3. Criminalização da liberdade de expressão por meio do enquadramento de manifestações em tipificações penais inadequadas às ações do infrator.

4. Censura prévia, por meio da proibição, legal ou não, do uso de máscaras e vinagre por manifestantes no protesto.

5. Uso de armas letais e abuso de armas menos letais.

6. Esquema de vigilantismo nas redes sociais montado pelas policiais locais, pela Agência Brasileira de Inteligência (ABIN) e também pelo Exército, assim como gravações realizadas pelos policiais durante os protestos.

7. Desproporcionalidade do efetivo disposto para o policiamento do protesto com o número dos manifestantes.

8. Policiais infiltrados nas manifestações que, por sua vez, causavam e incentivavam tumulto e violência.

9. Maior preocupação policial com a defesa do patrimônio do que com a segurança e integridade física dos manifestantes.

10. Ameaças e até mesmo sequestros relatados (2018, pp. 16–17).[1]

Junho é emblemático para se falar da relação entre estado, direito e violência. Tomo-o como "exemplo" da atuação do estado neoliberal. Para essa discussão que realizo nessa parte do livro, interessa-me compreender quais elementos sustentam a prática violenta do próprio estado. Ao me atentar para as indicações feitas por Igor Mendes, uma pergunta possível é: por que o Estado — por meio da lei — pode se colocar acima da lei para atuar, dentre tantos modos, contra as pessoas que participavam daquelas mobilizações? Uma das leituras possíveis pode ser feita a partir da noção de *soberania*. Soberano é o Estado e a ele é concedido — pela garantia da paz, ordem e segurança — o monopólio da violência. T. Hobbes já indicava no *Leviatã*:

É esta a geração daquele grande Leviatã, ou antes (para falar em termos mais reverentes) daquele Deus Mortal, ao qual devemos, abaixo do Deus Imortal, nossa paz e defesa. Pois graças a esta autoridade que lhe é dada por cada indivíduo no Estado, é-lhe conferido o uso de tamanho poder e força que o terror assim inspirado o torna capaz de conformar as vontades de todos eles, no sentido da paz em seu próprio país, e da ajuda mútua contra os inimigos estrangeiros. É nele que consiste a essência do Estado, a qual

---

[1]. Cabe ainda incluir, aqui, a "chacina no complexo da Maré, no auge das Jornadas de Junho, quando um protesto ali realizado foi reprimido a bala pela PM" (MENDES, 2018, p. 15). Nessa "operação", dez pessoas foram mortas. Podemos citar também o caso "do fotógrafo Sérgio Andrade da Silva, que no dia 14 de janeiro de 2013, foi ferido no olho por um tiro de bala de borracha disparado pela Tropa de Choque durante uma manifestação em São Paulo. Além dele, no mesmo ato, outros sete repórteres foram atingidos no rosto, inclusive a jornalista Giuliana Vallone, cuja imagem no hospital causou enorme repercussão na época" (MENDES, 2018, p. 17). Um relato sobre a experiência da prisão — decorrente dos acontecimentos de junho de 2013 e das manifestações na Copa do Mundo (2014) — pode ser visto no texto de Igor Mendes, *A pequena prisão*, de 2017.

pode ser assim definida: Uma pessoa de cujos atos uma grande multidão, mediante pactos recíprocos uns com os outros, foi instituída por cada um como autora, de modo a ela poder usar a força e os recursos de todos, da maneira que considerar conveniente, para assegurar a paz e a defesa comum. Aquele que é portador dessa pessoa se chama soberano, e dele se diz que possui poder soberano. Todos os restantes são súditos. (HOBBES, 1988, pp. 105-106).

Essa afirmação de Hobbes estrutura — entre outros autores ligados ao direito natural — a compreensão de que "a violência é um produto da natureza, semelhante a uma matéria prima, cuja utilização não está sujeita a nenhuma problemática, a não ser que se abuse da violência visando fins injustos" (BENJAMIN, 2017, p. 123). Como bem sabemos da tese de Hobbes, para a garantia da sobrevivência humana — diante da igualdade e de corpos guiados pela paixão e instinto — é necessário que, por meio de "pactos recíprocos uns com os outros", se abra mão do poder e da liberdade, entregando-os para o próprio Estado. Assim, incorporando a violência, esse soberano (*"Deus mortal"*) pode "usar a força e os recursos de todos, da maneira que considerar conveniente, para assegurar a paz e a defesa comum". Nesse movimento, diz Agamben: "a antinomia *physis/nómos* constitui o pressuposto que legitima o princípio da soberania, a indistinção entre direito e violência" (AGAMBEN, 2004, p. 41). E mais: "o estado de natureza sobrevive na pessoa do soberano, que é o único a conservar o seu natural *ius contra omnes*" (AGAMBEN, 2004, p. 41). Não parece que estamos diante de um grande paradoxo? O soberano busca superar o estado de natureza por meio de um *contrato social* e, ao mesmo tempo, incorpora esse estado de natureza colocando-o como um "princípio interno" ao próprio Estado. Segundo Agamben, aqui está o ponto central: a soberania se apresenta "como um limiar de indiferença entre natureza e cultura, entre violência e lei, e esta própria indistinção constitui a específica violência soberana" (AGAMBEN, 2004, p. 41-42).

Por isso, pode-se dizer que "o soberano está, ao mesmo tempo, dentro e fora do ordenamento jurídico" (AGAMBEN, 2004, p. 23). Chegamos ao paradoxo da soberania. Como compreendê-lo? Para essa tarefa, Agamben procura "refletir sobre a topologia implícita do paradoxo" indicando a estrutura da soberania. Desde C. Schmitt, essa estrutura é anunciada como a exceção. No texto *Teologia política*, (2009) Schmitt indica que: "Soberano é quem decide sobre o estado de exceção. Só esta definição pode ser justa para o conceito de soberania como conceito limite" (SCHMITT, 2009, p. 13). O Estado soberano, por meio da lei, coloca-se acima da lei para definir a exceção — o que parece *estar fora* da norma. Um exercício que pode ser visto no despacho da prisão de três jovens que participaram das manifestações de junho e das mobilizações na Copa do Mundo (2014), feito pelo juiz Flávio Itabaiana de Oliveira Nicolau, no Rio de Janeiro. No texto, temos o seguinte encaminhamento:

ELISA DE QUADROS PINTO SANZI, vulgo 'Sininho', IGOR MENDES DA SILVA e KARLAYNE MORAES DA SILVA PINHEIRO, vulgo 'Moa', foram beneficiados com a aplicação de medidas cautelares diversas da prisão, contidas no art. 319 do Código de Processo Penal. Ocorre que, conforme comprovam as informações e imagens de fls. 4.423/4432, os supracitados réus participaram de um protesto realizado em 15/10/2014 na Cinelândia, em frente à Câmara Municipal do Rio de Janeiro, descumprindo, assim, a medida cautelar que proíbe a participação em protestos. (...) ISTO POSTO, em virtude do descumprimento de uma das medidas cautelares impostas aos réus, qual seja, proibição de frequentar manifestações ou protestos, e para a garantia da ordem pública, decreto a prisão dos acusados... (Citado em MENDES, 2017, p. 45)

Para compreendermos essa decisão, busquemos novamente Giorgio Agamben. Ele indica que "o estado de exceção não é, portanto, o caos que precede a ordem, mas a situação que resulta da sua suspensão. [...] A exceção é [...] *capturada fora* e não simplesmente excluída" (2004, p. 25). A lei (norma) pressupõe *o fora*. O modo de operação é o seguinte: "não é a exceção que se subtrai à regra, mas a regra que, suspendendo-se, dá lugar a exceção e somente deste modo se constitui como regra, mantendo-se em relação com aquela" (2004, p. 26). Assim, o ordenamento jurídico acontece a partir da exceção, que se coloca como o *limiar* entre o que é externo e o que é interno. No despacho, a norma jurídica pressupõe a exterioridade dos protestos e das manifestações. O ordenamento jurídico só existe diante desses "descumprimentos". A exceção, aqui, é capturada e só nesse processo a regra se mantém como regra, com ampla vigilância e a busca da garantia da ordem pública.

Permitam-se uma digressão para exemplificar o argumento. Para David Lapoujade, a "violência não existe" como algo dado antes de qualquer discurso. As definições de violência — para explicar, justificar ou legitimar determinadas ações e práticas — já são definições "políticas e estratégicas" (2015, p. 79). Assim foi o olhar sobre junho de 2013. Os enquadramentos sobre as práticas e ações (incluída a tática *black bloc*) são permeados pela construção de uma narrativa que determina a prática violenta da ocupação e reinvenção do espaço público. Demarca-se o que é possível dentro da lógica estatal e aquilo que se assume como o "violento" para além do aparato do Estado. A intenção é fazer desaparecer a violência do "soberano" como violência, colocando-a apenas como uma atuação que vem de fora. Assim, a atuação do Estado só se apresenta como norma diante da necessidade de incluir em seu esquema o *seu fora*. Desse modo, seguindo uma lógica proposta por Agamben, há uma *"exclusão inclusiva"* da violência — como exceção. Ou: uma *"inclusão exclusiva"* do abandonado pelo direito — como exemplo. Há uma busca por fazer desaparecer a violência nomeando-a como *justiça*. Na linha de Lapoujade, "Não há mais violência, há somente ações de justiça e operações policiais (a serviço da justiça). Em outras palavras, a violência nunca está do lado da violência *legítima*, mas sempre do outro lado — revolta, insubmissão, insubordinação, protesto —, razão pela qual, aliás, se deve exercer a justiça *legitimamente*" (2015, p. 80). Nessa estratégia, como ainda diz esse autor, "a violência legítima é uma violência que busca desaparecer como violência" (LAPOUJADE, 2015, p. 80). Mais uma vez busca-se bloquear a "máquina de guerra"[2] e as possibilidades de novos modos de se relacionar com a cidade e com os desejos para se viver de outros modos.

A tentativa de captura e da negativação da "máquina de guerra" não é um elemento novo. Lapoujade mostra — numa análise de textos mitológicos — que, numa primeira fase, essa máquina era presente nos nômades, numa sociedade sem Estado, como Tamerlão e Gengis Khan. Máquinas destruidoras (*ora positivas, ora negativas*) que vêm sempre de *fora*, de um *lugar-nenhum*, fora do espaço-tempo englobante do Estado (LAPOUJADE, 2015, p. 88). Como ainda escreve Lapoujade: "Compreende-se que as máquinas de guerra tenham sido a preocupação permanente dos aparelhos do Estado. O que pensar de forças que desorganizam a ordem, a composição do espaço-tempo deles? Quem contesta sua origem e a legitimidade de sua soberania?" (LAPOUJADE, 2015, p. 88).

Essas grandes "máquinas de guerra" nômades desaparecem por volta do século XVII. A razão: ela "deixa de ser exterior ao Estado, que consegue apropriar-se dela sob a forma da instituição militar ou do exército regular. Ele se apropria não só da violência, mas de uma capacidade de destruição guerreira permanente" (LAPOUJADE, 2015, p. 89). Aqui está a segunda fase da máquina de guerra, capturada pelo Estado e destinada à conquista territorial, a serviço da guerra e destruição das populações e Estados inimigos. É a própria lógica de organização dos Estados-nações modernos: orientados pela violência, unificação e a constituição de "senhorios centralizados" em resposta às rebeliões camponesas no contexto feudal —

---

2. A "máquina de guerra" é um conceito de Deleuze e Guattari que David Lapoujade retoma. Para aprofundar essa noção nesses autores, conferir: DELEUZE, G. & GUATTARI, F. *Mil platôs*. São Paulo: Editora 34, p. 1995, volume 1. Ou, ainda, a definição presente em *Conversações*: "Nós definimos 'máquina de guerra' como um agenciamento linear que se constrói sobre linhas de fuga. Nesse sentido, a máquina de guerra não tem absolutamente por objeto a guerra; ela tem por objeto um espaço muito especial, espaço liso, que ela compõe, ocupa e propaga. O *nomadismo* é precisamente esta combinação da máquina de guerra-espaço liso. Tentamos mostrar como e em que caso a máquina de guerra toma a guerra por objeto (quando os aparelhos de Estado se apropriam da máquina de guerra que a princípio não lhes pertencia). Uma máquina de guerra pode ser revolucionária, ou artística, muito mais que guerreira" (DELEUZE, 2013, p. 48).

como já nos alertou Perry Anderson (1974). Assim, a máquina de guerra se modifica e se enquadra. Não estaria aqui a suspeita de Agamben ao indicar que — como numa fita de Moebius — "o que era pressuposto como externo (o estado de natureza) ressurge agora no interior (como estado de exceção)"? (2004, p. 43). Se assim for, vale retomarmos a zona de indiferença do poder soberano — evidenciado no Estado-nação moderno —, justamente a sua "impossibilidade de discernir externo e interno, natureza e exceção, *physis* e *nómos*" (AGAMBEN, 2004, p. 43).

Por fim, a terceira fase dessa "captura" é a submissão do Estado (e sua máquina de guerra) às exigências do capitalismo (LAPOUJADE, 2015, p. 89). Nessa "terceira idade", o capitalismo, com a colaboração dos Estados, deixa de fazer guerra. Mantém apenas as guerras locais para a garantia ficcional de uma "paz global aterrorizante". Guerras pontuais em que a guerra não é mais o objeto ou o objetivo, mas "a paz, uma estranha paz de terror" (2015, p. 90). Que é mantida pela organização de uma segurança pública e de uma ordem policial local-global, em que as novas formas de violência acontecem menos "no confronto entre exércitos do que entre vastos mecanismos de segurança e de controle, de um lado, e populações quaisquer, de outro. O inimigo não é mais circunscrito, está potencialmente em toda parte" (LAPOUJADE, 2015, p. 90).

Essa chave da segurança pública e de uma "paz global aterrorizante" desvela o "paradigma securitário" do Estado moderno. Esse paradigma "implica que cada dissenso, cada tentativa mais ou menos violenta de derrubar a sua ordem, cria uma oportunidade de o governar numa direção rentável" (AGAMBEN, 2013). Os dissensos precisam ser compreendidos e interiorizados pelo "Estado de exceção". Mas esse movimento só é possível, também, devido à existência da polícia. Como — de maneira assertiva — diz Giorgio Agamben: "Um estado securitário é um estado policial" (AGAMBEN, 2013). Aqui é significativo retomar o texto *Meios sem fim: notas sobre a política*, escrito em 1996. No texto "Polícia soberana", Agamben — desde uma pequena análise da Guerra do Golfo — indica o "ingresso definitivo da soberania na figura da polícia". A explicação dada por nosso autor é a seguinte: o "fato é que a polícia, contrariamente à opinião comum que vê nela uma função meramente administrativa de execução do direito, é talvez o lugar no qual se põe a nu, com maior clareza, a proximidade e, quase, a troca constitutiva entre violência e direito que caracteriza a figura do soberano"[3] (AGAMBEN, 2015, pp. 97-98). A relação entre direito e violência centrada na prática policial indica que a decisão pela "exceção" e pela suspensão da lei — uma tarefa do poder soberano, como afirma Carl Schmitt — está mais próxima da vivência cotidiana, em movimentos micropolíticos articulados com ideais macropolíticos de Estado e de nação.[4]

---

3. "A entrada da soberania na figura da polícia não tem, portanto, nada de tranquilizadora. É prova disso o fato, que não cessa de surpreender historiadores do Terceiro Reich, de que o extermínio dos judeus foi concebido do início ao fim exclusivamente como uma operação de polícia. Sabe-se que jamais foi encontrado um único documento no qual o genocídio fosse atestado como decisão de um órgão soberano: o único documento que possuímos a propósito é o verbal da conferência que, em 20 de janeiro de 1942, reuniu em Grosser Wannsee um grupo de funcionários de polícia de médio e baixo escalão, entre os quais destaca-se para nós apenas o nome de Adolf Eichmann, chefe da divisão B-14 da quarta seção da Gestapo. Somente porque foi concebido e atuado como uma operação de polícia o extermínio dos judeus pôde ser tão metódico e mortal; mas por outro lado, é justamente como 'operação policial' que ele aparece hoje, aos olhos da humanidade civil, tanto mais bárbaro e ignominioso" (AGAMBEN, 2015, p. 99).
4. Na atividade policial, essa prática soberana pode ser evidenciada no chamando "auto de resistência". Cito uma matéria do Jornal Nexo para explicar essa noção: "O termo 'auto de resistência' não existe penalmente. Em entrevista ao Nexo, Ignácio Cano, membro do Laboratório de Análise da Violência da Uerj (Universidade do Estado do Rio de Janeiro), disse que se trata de uma ficção administrativa criada durante a ditadura militar (1964-1985) para impedir que policiais fossem presos em flagrante por homicídio. O objetivo, afirma, era transmitir a ideia de que houve resistência, ou seja, de que a morte foi em legítima defesa do policial. O problema, de acordo com ele, é que a expressão e seus sinônimos — como, por exemplo, 'resistência seguida de morte' — continuaram a ser usados sob a mesma premissa, sacralizando a presunção de inocência do policial. Em 2012, uma resolução da Secretaria Nacional de Direitos Humanos recomendou o abandono do termo. Alguns estados, como Rio de Janeiro e São Paulo, pararam de usar a expressão. Em 2016, uma resolução conjunta do Conselho Superior de Polícia, órgão da Polícia Federal, e do Conselho Nacional dos Chefes da Polícia Civil, definiu a abolição dos termos. Porém, as expressões foram substituídas por 'lesão corporal decorrente de oposição à intervenção policial' ou 'homicídio decorrente de oposição à ação policial' — o que, segundo Cano, ainda indica que houve resistência e, consequentemente, culpa da vítima" (NEXO, 2017).

Walter Benjamin, no texto "Para a crítica da violência" (2017), escrito nos anos de 1919-1920, também apresenta uma leitura semelhante sobre a polícia, a violência e o direito. Para Benjamin, a violência da polícia é "instauradora do direito" e "mantenedora do direito". Por isso, não se pode dizer que os fins da violência policial sejam idênticos aos fins do direito, com uma simples "função meramente administrativa". De maneira mais direta, Benjamin indica que a polícia intervém " 'por razões de segurança' em um número incontável de casos nos quais não há nenhuma situação de direito clara" (BENJAMIN, 2017, p. 136). Ou — para reforçar as discussões sobre violência e soberania em junho de 2013 — a violência policial também se evidencia nos casos em que "ela acompanha o cidadão como uma presença que molesta brutalmente ao longo de uma vida regulamentada por decretos, ou pura e simplesmente vigia"[5] (BENJAMIN, 2017, p. 136). Essa leitura se aproxima, por exemplo, das interpretações feitas por Paulo Arantes no livro *O novo tempo do mundo* (2014). Junho escancara a política dos "consensos e consentimentos" e a relação desse fazer político com uma "pacificação armada". A exceção de hoje, dirá Paulo Arantes, "confunde-se com o próprio governo. Um emaranhado de violações *ad hoc*, estritamente administrativo" (2014, pp. 451-452). Por isso, estamos diante de uma outra racionalidade, um "sistema ritual" de comandos que se mostra com uma "razão pacificadora, sendo o seu governo, por isso

---

5. O decreto de prisão dos 23 jovens que participaram das manifestações de junho e das manifestações na Copa de 2014 também evidencia esse procedimento da "polícia soberana". Veja, por exemplo, a sentença referente a Elisa Quadros. "A ré [Elisa Quadros, sobre a qual o monopólio da imprensa e a polícia fabricaram a personagem Sininho] tem uma personalidade distorcida, voltada ao desrespeito aos Poderes constituídos, o que pode ser constatado no tocante ao judiciário, por ter descumprido uma das medidas cautelares impostas pela 7ª Câmara Criminal do tribunal de Justiça do Estado do Rio de Janeiro (proibição de frequentar manifestações e protestos), o que acarretou a decretação da prisão preventiva [...]. Já o desrespeito ao Poder executivo pode ser evidenciado, por exemplo, pelo enfrentamento aos policiais militares nas passeatas (as imagens de TV dizem mais que mil palavras [...]) e ao 'Ocupa Cabral' (é inacreditável o então Governador deste Estado e sua família terem ficado com o direito de ir vir restringido. O desrespeito ao Poder Legislativo, por sua vez, pode ser verificado, por exemplo, pelo 'Ocupa Câmara' (Citado em MENDES, 2018, p. 8).

mesmo, um governo armado, em todos os sentidos" (2014, p. 452). Uma "razão humanitária" — tomando o termo que Arantes assume de Didier Fassin — que acontece como um governo de vidas precárias. Vidas " 'governadas', e não pura e simplesmente reprimidas" (ARANTES, 2014, p. 452).

As grafias de Junho evidenciam os rastros dessa "razão pacificadora".

Essas grafias de Belo Horizonte narram o que aconteceu em tantos outros lugares do país. Se Junho abre possibilidades imaginativas, há também, aqui, uma intensificação dessa "razão humanitária", dessa "razão pacificadora". Soberania na vida cotidiana. Polícia soberana. O picho diz: "A polícia me atacou aqui". Uma polícia guiada pela máquina de repressão. Mas não só. Uma polícia símbolo do governo e da gestão. O corpo na rua transformado em "vândalo" que se opõe ao "cidadão". Quem *narra* essa história? Junho é marcado pelas "*incivilidades* cotidianas". A rua transformada em *comum* – fora das civilidades dos "códigos de comportamento associados à participação na vida pública" (ARANTES, 2014, p. 388). Talvez, por isso, a dificuldade "republicana" em lidar com fluxos de "incivilidade do outro" — "aquela geração de insurgentes cujo acesso sem precedentes aos espaços públicos e seus recursos gerou um 'clima de medo e instabilidade' " (ARANTES, 2014, p. 388). Ainda estamos presos ao sonho *kantiano* do "*uso público* da razão" que nos colocará nos rumos do progresso e do esclarecimento?

Como perguntou Vladimir Saflate: "diante de ruas queimando não há de se correr, não há de se gritar, há apenas de se perguntar: o que fala o fogo? O que se diz apenas sob a forma do fogo?" (SAFATLE, 2018, p. 4). A foto abaixo é emblemática. Espelhos das chamas, de ônibus e ruas que queimam diante de um "fora Cabral". Corpos e rastros incivilizados que, diante da soberania que a tudo quer decidir — *Deus terreno* —, assumem a destruição como metáfora e como um modo insurgente de agir político.

Junho tem uma polícia — atrelada à mídia hegemônica, ao judiciário, ao legislativo e ao executivo — com um novo aparato e novas tecnologias de repressão, com uma capacidade de "rastrear redes, prender e punir — não raro, fazer sumir, como no caso Ama-

# JUNHO, A SOBERANIA...

Pichação em Belo Horizonte, 21 de junho de 2013.
Foto: Felipe Magalhães.

Pichação em Belo Horizonte, 21 de junho de 2013.
Foto: Felipe Magalhães.

Pichação no Rio de Janeiro, 17 de junho de 2013.
Foto: Marcelo Valle.

rildo" (MORAES, 2014, p. 16). Paulo Arantes chamará Junho de uma "insurgência". A sua referência é o conceito apresentado por James Holston. Para ele, "a insurgência define um processo que é uma ação na contramão, uma contrapolítica, que desestabiliza o presente e o torna frágil, desfamiliarizando a coerência com que geralmente se apresenta" (Citado em 2014, p. 379). E o mais emblemático para as discussões que farei sobre a *potência destituinte*: "insurgência não é uma imposição de cima para baixo de um futuro já organizado. Ela borbulha no passado onde as circunstâncias presentes parecem propícias a uma irrupção" (Citado em 2014, p. 379). Ela é potente por fazer romper o ordinário do tempo da *política* transformada em técnica e gestão. Contra toda dissidência, novas tentativas de captura. O desejo pelo fim da PM representa o fim de toda lógica repressora, de controle e de vigilância.

# A cidade-campo e a produção de sobreviventes

Como ponto de partida dessa análise, apresento a história de Rafael Braga, preso nas manifestações de junho de 2013. Vejam o histórico abaixo:

*Rafael Braga Vieira* é um jovem negro, pobre, que até junho de 2013 trabalhava catando material para reciclagem nas ruas do Centro do Rio de Janeiro. Vivia em situação de rua e, para não gastar muito dinheiro de passagem, voltava somente às vezes para sua casa, na Vila Cruzeiro, onde morava com seus pais e irmãos e irmãs. Porém, no dia 20 de junho, a rotina de Rafael Braga mudou.

Nesse dia, aconteceu no Rio de Janeiro a maior das manifestações que ocorriam na época contra o aumento das passagens de ônibus. Já durante a dispersão do ato, na Rua do Lavradio, Lapa, Rafael Braga, na época com 25 anos, foi detido quando chegava a um casarão abandonado, onde por vezes dormia. Rafael não participou da manifestação e carregava consigo duas garrafas de plástico, uma de Pinho Sol e outra de desinfetante. Na delegacia, os policiais que o apreenderam apresentaram as garrafas abertas e com panos. Ele foi acusado de portar material explosivo, que seriam coquetéis-molotov.

Rafael passou 5 meses no Complexo Penitenciário de Japeri aguardando julgamento, sendo defendido por um defensor público. No dia 23 de setembro, foi realizado um pedido de revogação de prisão preventiva de Rafael pela Defensoria Pública, julgado improcedente pelo Juiz da 32ª Vara Criminal no dia 27 do mesmo mês. No dia 2 de dezembro de 2013, ele foi condenado a 5 anos e 10 meses de reclusão e foi transferido para Bangu 5 alguns dias depois. O laudo do esquadrão antibomba da Polícia Civil atestou que Rafael carregava produtos de limpeza com ínfima possibilidade de funcionar como coquetel molotov. […]

Em outubro de 2014, houve uma progressão do regime do Rafael de fechado para o semiaberto, quando poderia sair do presídio para trabalhar. Após diversos esforços, o DDH conseguiu um trabalho para ele, em um escritório de advocacia. Em novembro de 2014, Rafael sofreu uma punição depois de um dos seus advogados postar uma foto sua em frente a uma pixação que dizia "Você só olha da esquerda p/ direita, o Estado te esmaga de cima p/ baixo". O advogado tirou a foto de Rafael no caminho de volta ao presídio depois de um dia de trabalho. Ele passou cerca de 1 mês na solitária. Após sofrer algumas penalidades e perder o direito ao regime semiaberto, ganhou a progressão ao regime aberto em 1º de dezembro de 2015 e saiu da prisão, sendo monitorado por uma tornozeleira.

Voltando a morar na Cascatinha, Vila Cruzeiro, com sua família, no dia 12 de janeiro de 2016, Rafael saiu pela manhã para ir à padaria a pedido de sua mãe, Dona Adriana, e no caminho foi abordado por policiais da UPP de lá. Os PMs diziam que ele tinha envolvimento com o tráfico e pediam que ele desse informações e assumisse que era bandido. Ele foi espancado no caminho à delegacia, sendo inclusive ameaçado de estupro caso não assumisse participação no tráfico. Os PMs emputaram ao Rafael um kit flagrante com 0,6g de maconha, 9,3g de cocaína e um rojão. Assim, desde janeiro Rafael responde por tráfico de drogas, associação para o tráfico e colaboração com o tráfico. [...]

No dia 20 de abril, após as alegações serem publicadas, o juiz condenou o Rafael a 11 anos de prisão por tráfico e associação ao tráfico. A defesa do Rafael entrou com um pedido de *Habeas Corpus* para que ele ficasse em liberdade durante o julgamento dos recursos feitos contra a condenação. Em agosto, o Tribunal de Justiça negou o pedido de HC por 2 votos a 1. Ainda em agosto, tivemos a notícia de que o Rafael contraiu tuberculose na prisão. Ele vinha apresentando fortes e insistentes tosses há mais de ano. Felizmente, a doença foi diagnosticada ainda em estágio inicial.

A defesa do Rafael entrou então com um pedido de prisão domiciliar para que ele tratasse a doença em casa, o qual foi negado inicialmente pelo TJ. Em seguida, foi pedida a prisão domiciliar junto ao Superior Tribunal de Justiça (STJ). O pedido foi aceito em 13 de setembro e no dia 15 ele foi pra casa. Assim, hoje Rafael está em prisão domiciliar por seis meses para tratar sua doença. A defesa entrou com recurso contra a condenação de 11 anos (CAMPANHA PELA LIBERDADE DE RAFAEL BRAGA, S/ D).

Esse longo trecho — retirado da campanha Libertem Rafael Braga — explicita algumas das dinâmicas e modos de operação do

Estado. Quero abordar esse caso a partir de duas temáticas vinculadas: a *vida nua, a máquina letal e o encarceramento em massa*, desde Giorgio Agamben e Angela Davis; e a *biopolítica e a sobrevida*, uma problemática que, com a referência de Michel Foucault e Giorgio Agamben, nos coloca diante da questão do governo das populações e a produção de sobreviventes.

### *VIDA NUA*, MÁQUINA LETAL E ENCARCERAMENTO EM MASSA

Em Rafael Braga, estamos diante de uma *vida nua*, dividida e capturada pelo "Estado de exceção" — incluída de maneira excludente e excluída de maneira inclusiva no espaço da política. Há vários exemplos que demonstram essa dinâmica. Glauco Barsalini & Lucas Teixeira (BARSALINI & TEIXEIRA, 2017, pp. 219–220) analisam esse caso. A justificativa da prisão: o "porte de aparato incendiário ou explosivo". A saber: frascos de um produto de limpeza. O juiz Guilherme Schilling Pollo Duarte afirmou em sua decisão: "A utilização do material incendiário, no bojo de tamanha aglomeração de pessoas, é capaz de comprometer e criar risco considerável à incolumidade dos demais participantes" (citado em 2017, p. 220). Uma decisão diante de um fato simplório, carregar frascos de plástico, que só se torna possível graças à soberania do Estado, com base político-teológica e com seu aparato jurídico, numa tríade: "*soberano-exceção-vida nua*" (2017, p. 201). Ou, como escrevem os autores, o "ato mais banal pode ser um fenômeno disponível à decisão soberana — teísta —, compreendida em toda a sua teia absoluta — deísta, portanto. Sem aviso ou motivo aparente, o *bando* soberano captura a vida nua" (2017, p. 219). Assim, esse "*homo sacer*" — Rafael Braga — mostra a vida humana *abandonada* pelo direito e, ao mesmo tempo, revela a existência de uma vontade soberana capaz de suspender a ordem e o próprio direito. Por meio da lei, a vontade soberana suspende a lei para se utilizar de prerrogativas e decretar a própria *vida nua*, o que "coloca a vida humana, todas as vidas humanas, sobre a potencial ameaça da exceção" (RUIZ, 2011).

Aqui está a questão. Agamben apresenta que a máquina jurídico-política do Ocidente, o Estado de exceção, é uma estrutura dupla, com dois elementos distintos: "um normativo e jurídico em sentido restrito (a *potestas*) e outro anômico e extrajurídico (a *auctoritas*)" (AGAMBEN, 2017, p. 296). Assim, o elemento normativo para ser eficaz em relação à vida, necessita da anomia, em um "limiar de indecidibilidade" entre ambos, entre a vida e o direito. Se, para funcionar, a máquina jurídico-política necessita da combinação entre esses dois polos, no "Estado de exceção" — que se torna a regra de operação e aplicação da lei — habitam, simultaneamente, a significação da lei, sua suspensão e sua nadificação, criando uma zona excepcional em que o direito se ativa (BARSALINI & TEIXEIRA, 2017, p. 221). Ou, como diz Agamben: quando o "Estado de exceção" se torna a regra, "o sistema jurídico-político" se transforma em máquina letal" (AGAMBEN, 2017, p. 297).

No livro *Estado de exceção* (2013) essa discussão é apresentada de maneira mais extensa. Agamben indica que esse Estado se baseia na "ficção essencial pela qual a anomia — sob a forma de *auctoritas*, da lei viva ou da força da lei — ainda está em relação com a ordem jurídica e o poder de suspender a norma está em contato direto com a vida" (AGAMBEN, 2013, p. 130). Interessa-me nesse trecho a noção de "ficção essencial" do direito. O direito se sustenta nessa ficcionalidade entre vida e lei, entre violência e ordenamento jurídico. No entanto, retomando Benjamin, Agamben afirma que no Estado de exceção "em que vivemos", "toda zona de ficção de um elo entre violência e direito desapareceu aqui: não há senão uma zona de anomia em que age uma violência sem nenhuma roupagem jurídica" (AGAMBEN, 2013, p. 92). Desse modo, o ordenamento jurídico articula-se em uma relação dupla entre a "forma de lei" — "pura vigência sem aplicação"; e a "força da lei", em uma aplicação sem vigência. Para isso, o caso Rafael Braga é emblemático. Os temas aqui tratados — como a "polícia soberana", *potestas* e *auctoritas*, máquina letal — ganham força. A "forma de lei" e a "força da lei" estão vinculadas desde essa zona de anomia (*alógica*), necessária e imprescindível, uma zona de suspensão para que o direito tenha sua referência com o mundo da vida (AGAMBEN, 2013, p. 93).

Junto à dimensão soberana do estado, o caso de Rafael Braga pode nos sinalizar a relação entre *tanatopolítica* e *biopolítica*, em que "a decisão sobre a vida torna-se decisão sobre a morte"; assim, a soberania entra em relação, não só com o jurista, mas com o médico, o cientista o sacerdote e o perito (AGAMBEN, 2004, p. 128). As reflexões desenvolvidas sobre a prisão de Rafael Braga e a posição da justiça indicam a combinação proposta por Agamben entre *políticas de morte* e *políticas de vida*.[1] E mais, ao construirmos conexões possíveis com o biopoder, podemos compreender que, para Agamben, "na idade da biopolítica este poder [soberano] tende a emancipar-se do estado de exceção, transformando-se em poder de decidir sobre o ponto em que a vida cessa de ser politicamente relevante" (AGAMBEN, 2004, p. 149). Aqui está um ponto central nessa argumentação. Estamos diante da possibilidade de decisão sobre "o valor ou sobre o desvalor da vida enquanto tal". Nessa leitura, a *vida nua* se coloca na intersecção entre a "decisão soberana sobre a vida matável e a tarefa assumida de zelar pelo corpo biológico da nação" (AGAMBEN, 2014, p. 149). Quais vidas são matáveis? Quais vidas perdem o seu valor? Se tomamos a sério a intuição do *homo sacer*, em que todas as vidas humanas são colocadas sobre a ameaça da exceção e da "máquina letal", o que essas decisões sobre punição e encarceramento podem nos dizer sobre a gestão das populações?

Para exemplificar o que aqui apresento, resgato a bandeira do Movimento Negro Unificado (MNU), erguida nas escadarias do Teatro Municipal de São Paulo, em 7 de julho de 1978: "*Todo preso é um preso político*". Qual a densidade dessa afirmação? Angela Davis,

---

1. Nessa argumentação que faço, essas perspectivas podem se aproximar de uma "sociologia do desvio", com autores como Howard Becker (1963) e Erving Goffman (1963). As perspectivas, a partir de pontos diferentes e percorrendo caminhos distintos, apresentam conclusões que associam diretamente a questão racial e social com uma política de encarceramento. O *homo sacer*, todavia, segue outra abordagem, embora, na prática, tudo possa parecer se misturar. A questão aqui é o ser cidadão. Temos corpos — cidadãos — cuja destinação é o encarceramento, mas não, propriamente, *não mais* cidadãos — como no *homo sacer*. Na sociologia do desvio, os corpos desviantes são cidadãos que, na prática, têm seus direitos cerceados, caminho que pode se aproximar mais de M. Foucault e menos de G. Agamben.

no livro *Estarão as prisões obsoletas?* (2018), trabalha diretamente sobre essa temática do encarceramento em massa. O seu ponto de partida é a realidade dos Estados Unidos. Se compararmos ao contexto brasileiro, veremos dados significativos que também apontam um *superencarceramento*. O relatório "Luta antiprisional no mundo contemporâneo: um estudo sobre experiências de redução da população carcerária em outras nações" (2018), da Pastoral Carcerária, indica que temos no Brasil 726.712 mil pessoas presas. Com esse número, o país está com a terceira maior população carcerária do mundo, atrás apenas da China (1,6 milhão) e dos Estados Unidos (2,1 milhão). Em síntese, nas prisões brasileiras,

a maioria é jovem e negra, a população feminina, ainda bastante menor, cresce em ritmo maior do que a masculina, as vagas para atividades educacionais e produtivas são ínfimas, as denúncias de maus-tratos e tortura recorrentes, as condições de indignidade psíquica e material são determinantes à redução da expectativa de vida e sentenciam milhares à morte anualmente [...]. Quase metade das pessoas presas não tem condenação definitiva, mais da metade está presa por crimes não-violentos, mais de 70% está privada de liberdade em razão de crimes contra o patrimônio ou pequeno comércio ilegal de drogas (o que abrange não mais do que dez crimes, apesar de haver mais de 1.500 tipos penais na legislação brasileira), a maioria das prisões são fruto de flagrantes policiais, a maioria absoluta das condenações por tráfico de drogas é baseada apenas na palavra do agente policial responsável pela abordagem e prisão, etc (PASTORAL CARCERÁRIA, 2018, p. 62).

A síntese sobre o perfil do encarceramento do Brasil só reforça a tese do "Estado securitário", que é um "Estado policial" orientado para reprimir dissensos e transformar essa possibilidade de "derrubar a ordem" em uma oportunidade de governar para a produtividade (AGAMBEN, 2013). A isso se conecta também Angela Davis, quando escreve que "a prisão se tornou um buraco negro no qual são depositados os detritos do capitalismo contemporâneo" (DAVIS, 2018, p. 17). E na direção da rentabilidade, afirma que "o encarceramento em massa gera lucros enquanto devora a riqueza social, tendendo, dessa forma, a reproduzir justamente as condições que levam as pessoas à prisão" (DAVIS, 2018, p. 17). Junto à rentabilidade, o encarceramento em massa escancara o racismo do estado.

Davis, nesse sentido, faz duas perguntas fundamentais para compreendermos a realidade prisional dos Estados Unidos, mas também podemos repeti-las no contexto brasileiro. "As prisões são instituições racistas? O racismo está tão profundamente entranhado na instituição da prisão que não é possível eliminar um sem eliminar o outro?" (DAVIS, 2018, p. 27). Segundo Angela Davis, "essas são questões que devemos manter em mente enquanto analisamos as ligações históricas entre a escravidão nos Estados Unidos e os primórdios do sistema penitenciário" (DAVIS, 2018, p. 27).[2]

Rafael Braga é feito exemplo em sua situação de *vida nua* e "desvelamento" — de maneira ambígua e potente — do Estado em sua violência soberana e gestão de corpos e de certas populações. A sua carne abre as fissuras desse Estado e de sua governança. Mas não é um corpo exclusivo. O modo de atuação do Estado de exceção é a sua "máquina letal". Ora em um encarceramento em massa da população negra, ora em um genocídio de vidas que cessam de "ser politicamente relevantes". Também, majoritariamente, negras e negros. Quem são, efetivamente, aqueles corpos destinados a viver e aqueles destinados a morrer? Essa pergunta é um problema que deve organizar o tópico seguinte desse item, numa articulação entre Giorgio Agamben e Achille Mbembe, e a sua noção de *necropolítica*.

### BIOPOLÍTICA E *SOBREVIDA*

A *governamentalidade* é uma tecnologia que é capaz de "fazer viver e de deixar morrer". Se analisarmos os dados do sistema carcerário brasileiro, como indiquei anteriormente a partir de relatórios da Pastoral Carcerária, temos os indícios dessa estratégia em que *tanatopolítica* e *biopolítica* seguem articuladas diante de um corpo individual e coletivo. O "Estado securitário" possui as suas estratégias de negação e captura dos dissensos. De um lado, soberania, exceção e "máquina letal"; do outro, agenciamentos desde distintos

---

2. Sobre o contexto brasileiro, conferir a entrevista de Juliana Borges ao *IHU*: "Paradigma do punitivismo coloca o Brasil em terceiro lugar no ranking mundial do encarceramento". Disponível online.

saberes e o governo das populações, com gestão da raça, da pobreza, da sexualidade. Por isso, no caso de Rafael Braga e em tantos outros, as perguntas de Angela Davis não podem ser esquecidas. E sabemos a resposta.

Para a compreensão desse processo de tentativa de "esmagamento", é necessário incluir aqui uma interpretação feita por Agamben. Segundo ele, a biopolítica contemporânea tem como estratégia a produção de sobreviventes, uma redução da "vida à sobrevida biológica". Como sintetiza Peter Pál Pelbart, o biopoder contemporâneo — diferente da interpretação de M. Foucault — "já não se incumbe de fazer viver, nem de fazer morrer, mas de fazer *sobreviver. Ele cria sobreviventes. E produz a sobrevida.* No contínuo biológico, ele busca isolar um último substrato de *sobrevida*" (PELBART, 2016, p. 26). Fazer sobreviver mais que fazer viver. Nem a ameaça da morte e o poder sobre o sangue, nem a gestão para a garantia da vida (M. Foucault). Agora: a produção de uma *vida nua* em seu máximo, na construção de uma zona de separação e indeterminação. Como o próprio Agamben afirma, "a ambição suprema do biopoder é realizar no corpo humano a separação absoluta do vivente e do falante, de *zoé* e *bios*, do não homem e do homem" (AGAMBEN, 2008, p. 156).

Aqui está uma novidade. Qual uso podemos dar a esse conceito? Rafael Braga — como tantos outros corpos negros que sofrem o "esmagamento" do estado e as tentativas micropolíticas de disciplina e regulação — está colocado diante do peso da *sobrevivência*, entre a vida humana e a não humana. Um corpo que *sobrevive* no limiar permanente entre vida e morte. Uma estratégia que não se reduz apenas aos regimes totalitários, mas se inclui na "democracia ocidental, a sociedade do consumo, o hedonismo de massa, a medicalização da existência, em suma, a abordagem biológica da vida numa escala ampliada" (PELBART, 2016, p. 27). Os *presos políticos* são presos de nossa democracia atual. Pensemos nas decisões judiciais sobre o caso Rafael Braga. Uma fotografia com o corpo negro — com um *picho* crítico ao estado — postada na rede social do seu advogado, o coloca em uma solitária por quase um mês e o faz perder o "direito" ao regime semiaberto. Uma vida marcada permanentemente — como o *homo sacer* – que não pode viver em sua comunidade sem uma vigilância permanente, com políticas de limitação e dominação de territórios — como as unidades de Polícia Pacificadora do Rio de Janeiro. Uma carne abandonada diante da soberania da polícia em colocar sobre ele crimes nunca cometidos. Agora, diante do *biopoder* que a tudo quer cooptar, qual vida é possível? Para ampliar essa problemática, é necessário investigar um tema central em Agamben: *o campo*.

## A EXCEÇÃO COMO REGRA

De maneira direta, temos que o *"o campo é o espaço que se abre quando o estado de exceção começa a tornar-se regra"* (AGAMBEN, 2004, p. 175). Para sustentar a sua perspectiva, Agamben retomará Karl Lowith. Esse autor apresentará dois pontos importantes para a pesquisa. Primeiro, define "a politização da vida" como "caráter fundamental da política dos Estados totalitários"; e, segundo, observa uma relação de continuidade entre democracia e totalitarismo (2004, p. 126). Para essa segunda "tese", Agamben apresenta uma interessante explicação relacionando-a à *vida nua*:

O fato é que uma mesma reinvindicação da vida nua conduz, nas democracias burguesas, a uma primazia do privado sobre o público e das liberdades individuais sobre os deveres coletivos, e torna-se, ao contrário, nos Estados totalitários, o critério político decisivo e o local por excelência das decisões soberanas. E apenas porque a vida biológica, com as suas necessidades, tornara-se por toda parte o fato *politicamente* decisivo, é possível compreender a rapidez, de outra forma inexplicável, com a qual no nosso século [século XX] as democracias parlamentares puderam virar Estados totalitários, e os Estados totalitários converter-se quase sem solução de continuidade em democracias parlamentares. Em ambos os casos, estas reviravoltas produziam-se num contexto em que a política já havia se transformado, fazia tempo, em biopolítica, e no qual a aposta em jogo consistia então apenas em determinar qual forma de organização se revelaria mais eficaz para assegurar o cuidado, o controle e o usufruto da vida nua (AGAMBEN, 2004, p. 128).

Diante da *vida nua*, o vocabulário tradicional da política (liberalismo e totalitarismo, privado e público) entra em uma zona nebulosa. Para exemplificar o argumento, retomemos a segunda prisão de Rafael Braga. Ela acontece no território de uma Unidade de Polícia Pacificadora do Rio de Janeiro (UPP). Em um cenário democrático, temos a constituição de um *campo* — "*o espaço que se abre quando o estado de exceção começa a tornar-se regra*". Em uma pesquisa recente (2019), Fellipe dos Anjos Pereira procura "investigar a atividade de dispositivos sacrificiais nas políticas de pacificação das favelas do Rio de Janeiro" (PEREIRA, 2019, p. 7). Para ele, a *militarização da vida* nas favelas cariocas se mostra como uma "experiência de instalação *do estado de exceção como paradigma de governo neoliberal* das populações marginalizadas da cidade" (PEREIRA, 2019, p. 7). Uma exceção guiada por uma "*biopolítica do sacrifício*".[3] Esse processo, entre outras "linhas de força", se sustenta: "a) na elaboração de estereótipos/alteridades monstruosas para a invenção de um bode expiatório marcado pelo dispositivo racial; b) na lógica da pacificação como intervenção restauradora da ordem" (PEREIRA, 2019, p. 7). Uma política de segurança pública guiada pela gestão neoliberal de corpos, populações, territórios. Uma biopolítica que se atrela à tanatopolítica para a garantia da paz, da ordem e dos sacrifícios "necessários" na cidade.

---

3. Sobre a UPP, conferir o livro de Marielle Franco, resultado de sua pesquisa de mestrado: FRANCO, Marielle. *UPP:* a redução da favela a três letras — uma análise da política de segurança pública do estado do Rio de Janeiro. São Paulo: N-1 edições, 2018. Para ela, As UPPs são a principal política do governo hoje em curso, mas segue instável, com um conjunto de crises e oscilações, que fragilizam a sociedade, principalmente os moradores de favelas. Assim, não está claro qual será o desfecho desse processo. Mas as tensões entre reforçar o modelo militarista das favelas, construir um processo participativo e com políticas públicas ou apenas encerrar o projeto seguem em disputa no Rio de Janeiro. A política de segurança pública do estado do Rio de Janeiro mantém as características de Estado penal segundo Loic Wacquant. Os elementos centrais dessa constatação estão nas bases da ação militarizada da polícia, na repressão dos moradores, na inexistência da constituição de direitos e nas remoções para territórios periféricos da cidade (o que acontece em vários casos). Ou seja, a continuidade de uma lógica racista de ocupação dos presídios por negros e pobres, adicionada ao elemento de excluir uma parte da população ao direito da cidade, continua marcada a segurança pública com o advento das UPPs. Elementos esses que são centrais para a relação entre Estado penal e a polícia de segurança em curso no Rio de Janeiro" (FRANCO, 2018, p. 144).

Roberta Pedrinha, em uma pesquisa sobre a UPP, resgata como os dirigentes do Estado "naturalizam a favela como imaginário do campo de concentração da atualidade" (PEDRINHA, 2015, p. 263). Ela retoma algumas falas das autoridades do Estado. O então secretário de segurança do Rio de Janeiro, José Maria Beltrame, em 17 de outubro de 2007, afirmou, "após a operação da Polícia Civil em favelas da Zona Oeste que levou a 12 mortes, inclusive a do menino Jorge Kauã Silva de Lacerda, de 4 anos: 'Mesmo morrendo crianças, não há outra alternativa'. Esse é o caminho" (Citado em 2015, p. 263). Em outra declaração (17 de outubro de 2007), o coronel Marcus Jardim — comandante de Policiamento da Capital —, "após nova operação da PM na Vila Cruzeiro (Complexo da Penha), quando 14 pessoas morreram" — "afirmou a jornalistas entre risos: 'A PM é o melhor inseticida contra a dengue. Conhece aquele produto, SBP? Tem o SBPM. Não fica mosquito nenhum em pé. A PM é o melhor inseticida social'" (citado em 2015, p. 263). Na mesma linha de regulação e controle das populações e territórios, Sérgio Cabral — governador do Rio de Janeiro, afirmou em 24 de outubro de 2007, que o aborto "tem tudo a ver com violência". Segundo ele: "Você pega o número de filhos por mãe na Lagoa Rodrigo de Freitas, Tijuca, Méier e Copacabana, é padrão sueco. Agora, pega na Rocinha. É padrão Zâmbia, Gabão. Isso é uma fábrica de produzir marginal" (PEDRINHA, citado em 2015, p. 263).

Desde a comparação, feita por Agamben "do aprisionamento de talibãs em Guantánamo com a condição jurídica dos judeus nos campos de concentração do holocausto", Roberta Pedrinha analisa a realidade de pacificação nas favelas cariocas. Segundo ela, com as declarações acima e as políticas de segurança, "imensos contingentes populacionais das periferias do Rio de Janeiro, onde a suspensão da ordem jurídica passa a ser encarada com a naturalidade de tornar-se regra, em prol de um modelo de segurança pública beligerante" (PEDRINHA, 2015, p. 259). A UPP é um campo. E o campo segue — como afirma Giorgio Agamben — em "metamorfoses" e "travestimentos". Essa leitura se sustenta, por exemplo, em textos como *Meios sem fim*, em que o filósofo italiano afirmará que nos encontraremos "virtualmente" em um campo "todas as vezes em que for criada uma estrutura semelhante, independente da entidade de crimes que são cometidos ali e qualquer que seja a sua denominação e topografia específica" (AGAMBEN, 2015, p. 45). A UPP é um exemplo disso.

As manifestações de junho também colaboram para escancarar essa "razão pacificadora". Paulo Arantes retoma uma vinculação entre as UPPs, a Copa do Mundo (2014) e as Olimpíadas (2016). Ele cita: "o secretário de Segurança Pública [do Rio de Janeiro] nunca escondeu o que de resto mostram muito bem os mapas de localização das UPPs, a saber, que os territórios pacificados formam um cinturão de segurança para os megaeventos a caminho" (2014, p. 361). A gestão dos corpos e dos territórios tem uma intenção clara. Fazer *sobreviver* numa política eficiente, guiada pela cidade transformada em mercadoria e gerida desde uma "biopolítica do sacrifício". Em junho, esse "campo", essa "territorialização violenta se estendeu das ruas ao perímetro inviolável dos megaeventos" (ARANTES, 2014, p. 362). E como Paulo Arantes cita de um artigo de Gabriela Azevedo: nessa política de pacificação dos territórios, vemos um modo de operação que "pode suspender o ordenamento, invisibilizar, incluir, excluir e matar (*lato senso*) de várias formas ao sabor da vontade política" (citado em ARANTES, 2014, p. 362). Como sabemos, esses são os espaços em que exceção vira regra. Esses espaços de exceção "– antes restritos aos circuitos de relegação da pobreza estigmatizada — vazaram para a rua política ante a surpresa intolerável da desobediência recalcitrante e incivil" (ARANTES, 2014, p. 363).

Há grafias de Junho que visibilizam esse modo de atuação na cidade, especialmente as políticas de remoção, de controle e de regulação de corpos e territórios nos megaeventos. Um relatório publicado na plataforma Medium, com o título "O Rio de Janeiro dos jogos das exclusões" (2016), traz informações relevantes: desde 2009, ano em que a cidade foi escolhida para sediar os Jogos, mais de 77 mil pessoas perderam suas casas no Rio; nenhuma meta de despoluição foi cumprida para as Olimpíadas; o Porto Maravilha é a maior parceria público-privada do país, com um custo de R$ 3,5 bilhões do FGTS (dinheiro dos trabalhadores) para financiar o empreendimento; o projeto levou à remoção de milhares de famílias e está sob investigação por corrupção nos contratos; além da UPP, há também a ocupação militar pelas Forças Armadas — como exemplo: "na ocupação de 15 meses do Conjunto de Favelas da Maré para a Copa do Mundo foram gastos R$ 599 mi. Em comparação, de 2010 a 2016, a Prefeitura do Rio investiu R$ 303 mi em programas sociais nas favelas"; por fim, "dados de 2010 a 2015 mostram que, nas regiões mais valorizadas, o número de homicídios cometidos pela PM é absurdamente menor do que nas áreas periféricas" — o exemplo: "foram 5 mortes na região do 19º Batalhão (de Copacabana) nesse período. Na área do 41º (Irajá, Acari e Madureira, entre outros), o número salta para 310, ou 6100% maior" (MEDIUM, 2016). Aqui temos uma evidência da articulação entre *tanatopolítica* e *biopolítica*. Políticas de morte e políticas para gerar sobrevida combinadas.

Se olharmos a grafia abaixo, veremos que na propaganda da empresa patrocinadora da Copa do Mundo surgem novos textos. O "#vamos com tudo" de um lado contrasta com o "Copa mata pobre" (em vermelho) do outro. No placar, um "fora". Se aproximarmos os dados acima com o conceito de *necropolítica* de Achille Mbembe, veremos como as políticas de morte e de geração de sobreviventes se articulam. Uma das práticas da *necropolítica* é a "fragmentação territorial" para "impossibilitar qualquer movimento" e "implementar a segregação à moda do Estado do *apartheid*". Por isso, dirá Mbembe, citando Eyal Weizman: "ao se afastar de uma divisão plana do território e ao adotar o princípio da criação de limites tridimensionais no interior dele, a dispersão e a segmentação redefinem claramente a relação entre soberania e espaço" (MBEMBE, 2018a, p. 44). Embora Mbembe analise a ocupação colonial israelense na Palestina, há conclusões importantes que nos ajudam nesse momento. Os "cinturões de segurança" das UPPs — que têm o interesse dos megaeventos, mas também seguem antes e para além deles — evidenciam uma "guerra infraestrutural" com os "campos de refugiados urbanos" (MBEMBE, 2018a, p. 47). Mata-se com "alta precisão", mas também se sabota modos de vida nos territórios "pacificados". Essa grafia de Junho ganha, aqui, mais densidade e força.

Pichação no Rio de Janeiro, 20 de junho de 2013.
Foto: Wesley Prado.

QUANDO COMEÇA O CAMPO?

Historicamente, Agamben aponta perspectivas sobre a primeira aparição do campo. Uma marca possível são os *"campos de concentraciones"* criados pelos espanhóis em Cuba, em 1896, "para reprimir a insurreição da população da colônia"; ou os *"concentration camps"*, "nos quais os ingleses, no início do século XX, mataram os bôeres" (AGAMBEN, 2015, p. 45). Nesses dois casos, temos um "estado de exceção ligado a uma guerra colonial". Mas essa noção de campo se torna — para Agamben – mais evidente nos *"Lager* nazistas". A referência jurídica para o internamento é um "instituto jurídico de derivação prussiana", "uma medida de polícia preventiva, enquanto permitia 'prender em custódia' indivíduos independentemente de qualquer comportamento penalmente relevante, unicamente com o fim de evitar um perigo para a segurança do Estado" (AGAMBEN, 2015, p. 42). Especificamente, a origem da *Schutzhaft* (custódia protetora) é a lei prussiana de 4 de junho de 1851, referente ao Estado de sítio; e a lei prussiana de 12 de fevereiro de 1850, que versava sobre a "proteção da liberdade pessoal". A lei de 1851 foi estendida para toda a Alemanha, exceto a Baviera, em 1871. As duas leis foram amplamente utilizadas na Primeira Guerra Mundial (AGAMBEN, 2015, p. 42). Outro marco importante é março de 1933, em que — numa coincidência com as celebrações para a eleição de Hitler como chanceler do Reich — Heinrich Himmler decidiu criar um campo para prisioneiros políticos, "algo confiado à ss e, através da *Schutzhaft*, colocado fora das regras do direito penal e do direito carcerário" (AGAMBEN, 2015, p. 43). O campo de concentração se tornou uma realidade na Alemanha. Um território "incluído através de sua própria exclusão"; e, ao ser assim, "um espaço de exceção, no qual a lei é integralmente suspendida, neles tudo é realmente possível" (AGAMBEN, 2015, p. 42). Nesse território, os habitantes foram "despidos de todo estatuto político e reduzidos integralmente à vida nua", nesse espaço, "o poder não tem diante de si senão a pura vida biológica sem nenhuma mediação" (AGAMBEN, 2015, p. 44).

Achille Mbembe, no texto *Necropolítica* (2018a), ao comentar a noção de *campo* para Agamben, escreve: no campo, o Estado de exceção "adquire um arranjo especial permanente, que se mantém continuamente fora do estado normal da lei" (2018a, p. 8). Em sua leitura, esse autor camaronês suspeita da crítica política contemporânea, que "infelizmente privilegiou as teorias normativas da democracia e tornou o conceito de razão um dos elementos mais importantes tanto do projeto de modernidade quanto do território da soberania" (2018a, p. 8). Em um elogio à *razão*, inventa-se uma *desrazão*. O fazer político passa a ser o espaço do exercício da razão como exercício da liberdade. Basta recordarmos o conhecido texto de Kant: *o que é o esclarecimento?* (1783). Nesse escrito, Kant celebra a razão e a saída da menoridade. Em um dos momentos centrais de seu ensaio, o autor fala do "uso público da razão". Para ele, "esse Esclarecimento não exige todavia nada mais do que a *liberdade*; e mesmo a mais inofensiva de todas as liberdades, isto é, a de fazer um *uso público* de sua razão em todos os domínios" (KANT, s/ D, p. 3). E mais: "o *uso público* de nossa razão deve a todo momento ser livre, e somente ele pode difundir o Esclarecimento entre os homens" (s/ D, p. 3). Aqui temos categorias fundantes da política moderna.

Nesse processo, "o exercício da razão equivale ao exercício da liberdade, um elemento-chave para a autonomia individual" (MBEMBE, 2018a, p. 10). A noção de soberania, ou o "romance da soberania", se sustenta na ideia de que o sujeito "é o principal autor controlador do seu próprio significado" (2018a, p. 10). Por isso, se baseia na "autoinstituição" e na "autolimitação". Mas não é aqui que reside a principal ênfase de Mbembe. O seu interesse não é observar a soberania como uma luta pela autonomia (do Estado e desde a sua referência no sujeito racional). A sua observação e estudo tem como olhar específico os "campos de morte", o *nomos* do espaço político em que vivemos (2018a, p. 11). Por isso, afirma ele: "em vez de considerar a razão a verdade do sujeito, podemos olhar para outras categorias fundadoras menos abstratas e mais palpáveis, tais como vida e morte" (2018a, p. 11). Desde esse ponto de partida, Mbembe indicará que qualquer "relato histórico do surgimento do terror moderno precisa tratar de escravidão, que pode ser considerada uma das primeiras manifestações da experimentação biopolítica" (2018a, p. 11). Por essa abordagem, o sistema *plantation* pode manifestar — de maneira paradoxal — o Estado de exceção. Aqui temos mais elementos para refletir sobre o campo como paradigma político.

Mbembe afirma que nas *plantations* americanas, "a humanidade do escravo aparece como uma sobra personificada", em que o escravo lidará com uma tripla perda: de um "lar", dos direitos sobre seu corpo e do seu estatuto político. Assim, há "uma dominação absoluta, uma alienação de nascença e uma morte social (que é expulsão fora da humanidade)" (2018a, p. 29). Mas esse mesmo escravo trabalha, tem suas funções, responde a necessidades. Ele segue com uma vida que tem como marca uma "morte em vida". Uma realidade embaralhada, nebulosa, indeterminada. Esse mesmo escravo é capaz de "demonstrar as capacidades polimorfas das relações humanas por meio da música e do próprio corpo, que supostamente pertencia a um outro" (MBEMBE, 2018a, p. 30). Há possibilidades de reinvenção. Não se pode negar as alternativas criadas à máquina colonial, na linguagem, no gesto.

Nas colônias, também, há uma relação entre biopoder e Estado de exceção. Na racialização pode-se encontrar o ponto de conexão entre esses elementos, especialmente na estratégia de seleção a partir da branquitude. Em um outro texto, *O fardo da raça* (2018b) — em formato de entrevista, Mbembe afirma que "o capitalismo, desde suas origens, sempre precisou de subsídios raciais. Ou melhor, sua função sempre foi produzir não apenas mercadorias, mas também raças e espécies" (MBEMBE, 2018b, p. 4). Há, portanto, uma tentativa permanente de "universalização da condição negra". Esse processo se dá, além de outras práticas, por meio de "ações de zoneamento". O que fica mais evidente nas estratégias neoliberais. Podemos dizer que essas práticas de zoneamento são campos, e "constituem, no fundo, um modo de produção de novas subespécies humanas fadadas ao abandono e à indiferença, quando não à destruição" (MBEMBE, 2018b, pp. 4–5). O movimento de "seleção das raças" aparece pela primeira vez no mundo colonial. Uma seleção marcada pela "proibição dos casamentos mistos, a esterilização forçada e até mesmo o extermínio dos povos vencidos" (MBEMBE, 2018a, p. 31). É na colônia — em um "traço" do pensamento filosófico moderno — que a "soberania consiste fundamentalmente no exercício de um poder à margem da lei (*ab legibus solutus*) e no qual a 'paz' tende a assumir o rosto de uma 'guerra sem fim' " (MBEMBE, 2018a, pp. 32–33). Antes mesmo do Reich.

Por isso, "o espanto" de H. Arendt em constatar — em *As origens do totalitarismo* — "a extensão dos métodos anteriormente reservados aos 'selvagens' aos povos 'civilizados' da Europa" durante a Segunda Guerra Mundial (MBEMBE, 2018a, p. 32). Sobre isso, vale a pergunta feita por Peter Pál Pelbart em *Necropolítica tropical* (2018): "não terá sido esta a mais chocante dimensão do Holocausto — a saber, que aquilo que antes era perfeitamente aceitável em relação aos negros subitamente foi aplicado também aos brancos em solo europeu?" (PELBART, 2018, p. 15). A pergunta: *quando começa o campo?* não procura buscar uma origem factual desse território em "metamorfoses" e "travestimentos". Como escreve Jeanne Marie Gagnebin, o interesse de Agamben, especialmente em *O que resta de Auschwitz*, não é realizar uma pesquisa histórica, mas uma investigação "sobre ética e testemunho ou ainda mais uma tentativa de 'fincar cá e lá algumas estacas que eventualmente poderão orientar os futuros cartográficos da nova terra ética'" (GAGNEBIN, 2008, p. 12). Ou, como pontuou Mbembe, "no fim, pouco importa que as tecnologias que culminaram no nazismo tenham sua origem na *plantation* ou na colônia" (MBEMBE, 2018a, p. 32). O que interessa não é a determinação pontual da história, mas a "localização" dessa "linha de força" da política moderna, que é a estratégia necropolítica, *a política de morte*, que remonta à colônia e é racializada. Mas não remonta apenas aos negros. Mbembe, em *Crítica da razão negra* (2014), falará do "devir-negro do mundo", em que o nome negro "deixa de remeter unicamente para a condição atribuída aos genes de origem africana durante o primeiro capitalismo", assumindo um "novo caráter descartável e solúvel", com uma "institucionalização enquanto padrão de vida" e "sua generalização ao mundo inteiro" (2014, p. 18). O negro como laboratório. Tentativas de negar a reprodução social, de imobilizar e quebrar os corpos, de produzir a incapacidade de gerar mundos simbólicos e imaginar futuros (2014, p. 266). Uma prática de "sacrifício" que passa a ser universalizada no contexto contemporâneo, para toda vida considerada descartável e sem valor.

O interesse em mostrar esses rastros históricos, especialmente na relação entre Agamben e Mbembe, é apontar as estratégias que estabelecem – em distintos espaços — a exceção como regra. A leitura da escravidão pode apontar outros horizontes de leitura para as interpretações do campo como paradigma biopolítico do Ocidente — abordagens que faltam a Agamben. O seu ponto de partida *diz* as suas escolhas e seus pontos de interesse. O filósofo italiano não aprofunda as pesquisas sobre a máquina colonial, algo que Mbembe realiza, por exemplo, desde as *plantations,* mas também nas ocupações coloniais, feitas por Israel, nos territórios palestinos. Um encadeamento entre poder *disciplinar*, *biopoder* e *necropolítica*, uma articulação que possibilita a dominação e o controle dos territórios ocupados, em que não se permite mais distinguir entre inimigo externo e inimigo interno (MBEMBE, 2018a, p. 46).[4] Para além de uma oposição, penso em uma *combinação* entre esses autores, com possibilidades integradas e potentes de "desvelar" as formas de organização mais eficazes "para assegurar o cuidado, o controle e o usufruto da vida nua" — nas *plantations*, nos campos de concentração, nas ocupações na Palestina, nas UPPS, nas prisões como Guantánamo, nos campos de refugiados ao redor do mundo.

A retomada ao campo está para além da pergunta que questiona "como foi possível cometer crimes tão atrozes contra seres humanos", mas sim na pergunta que questiona através de quais "procedimentos jurídicos e de quais dispositivos políticos seres humanos puderam ser tão integralmente privados de seus direitos e de suas prerrogativas" (AGAMBEN, 2015, p. 44). O campo, como terreno da biopolítica, acontece. Os exemplos de sua "metamorfose" são vários. Vejamos a relação entre Estado e povos indígenas no Brasil. Cria-se o índio, cria-se a ideia de cidadão. Índios "*unificados* na generalidade por um poder transcendente, unificados para serem des-multiplicados, homogeizados, abrasileirados" (CASTRO, 2016, p. 12). Índio transformado em "pobre", num movimento em que o "primeiro passo é transformar o *Munduruku* em índio, depois em índio administrado, depois em índio assistido, depois em índio sem terra" (CASTRO, 2016, p. 12). Por isso, Eduardo Viveiros de Castro dirá de maneira certeira:

Ser brasileiro, algo muito diferente de ser 'indígena'. Ser brasileiro é pensar e agir e se considerar (e talvez ser considerado) como cidadão, isto é, como uma pessoa definida, registrada, vigiada, controlada, assistida — em suma, pesada, contada e medida por um Estado-nação territorial, o "Brasil". Ser

---

4. Nesse ponto, é importante fazer uma distinção entre o escravo antigo e o *homo sacer*. No capítulo 4 da parte 2 do livro *Homo sacer*, Agamben demonstra como o *sacer* surge do cidadão, e não do escravo (2004, pp. 95-98). Na mesma linha, é importante, também, conferir a primeira parte do livro *O uso dos corpos*. Aqui, Agamben relembra que o escravo é mero instrumento — e não cidadão — a quem se aplica o instituto da *vitae necisque potestas* (2017). Essa pequena distinção não inviabiliza a possibilidade de pensar as *plantations* como lugares de desenvolvimento de tecnologias de submissão extrema, ligando essa experiência ao nazismo. Esse "esclarecimento" apenas nos ajuda numa delimitação conceitual caso haja um interesse mais detalhado sobre as relações entre a *sacralidade da vida* e o corpo escravizado.

brasileiro é ser (ou dever-ser) cidadão, em outras palavras, súdito de um Estado soberano, isto é, transcendente. Essa condição de súdito (um dos eufemismos de súdito é 'sujeito de direitos') não tem absolutamente nada a ver com a relação indígena vital, originária com a terra, com o lugar em que se vive e de onde se tira seu sustento, onde se faz a vida junto com seus parentes e amigos. Ser indígena é ter como referência primordial a relação com a terra em que nasceu ou onde se estabeleceu para fazer sua vida, seja ela uma aldeia na floresta, um vilarejo no sertão, uma comunidade de beira-mar ou uma favela nas periferias metropolitanas (CASTRO, 2016, p. 10-11).

Esse processo de captura do *Munduruku* como "sujeitos de direito" em um estado soberano (transcendente) tem sotaques de uma biopolítica que tem como intenção gerar *sobreviventes* — como vimos nos tópicos anteriores. Uma "máquina letal" que dessubjetiva e recria o sujeito — brasileiro-verde-e-amarelo — mediado pelo Estado e pela dinâmica neoliberal. Como criar outras formas de vida para reabitar o cotidiano? Sem nostalgias e sem a melancolia dos derrotados em suas "identidades", Agamben encontra em Auschwitz a possibilidade de abertura para uma "nova matéria ética". Na leitura que Oswaldo Giacoia fará dessa "provocação", desde a *vergonha*, há a compreensão do *homo sacer* — o muçulmano de Auschwitz, por exemplo — como um sujeito político contemporâneo (GIACOIA, 2018, p. 81). Aqui está a potência e o risco. Estamos na ambiguidade do termo. De um lado, estamos na ideia de um "sujeito no sentido de assujeitado, produto histórico específico de relações totalitárias de poder biopolítico, como aquelas que operam nos campos de concentração" (2018, p. 81); do outro lado, o "sujeito no sentido daquele elemento a partir do qual se pode criar e instituir uma nova forma de política" (2018, p. 81). Por isso, dirá Agamben, "o que resta é o sujeito novo, mas indefinível, *sempre em resto*" (2016, p. 25); na construção de uma tática que se afasta de uma "*biopolítica maior*", "aquela do Estado e do direito, em prol de uma *biopolítica menor*, biopolítica de resposta ou de reapropriação" (GIACOIA, 2018, p. 82). Uma biopolítica desde as zonas incertas em que o sujeito testemunha a sua própria dessubjetivação, zonas indeterminadas em que se encontram por um lado "o falante/vivente/sujeito da enunciação (aquele que tem a potência de dizer), e, por outro lado, a testemunha/muçulmano, a impotência de dizer" (GIACOIA, 2018, p. 82). Tarefas potentes para "desvelar" as estruturas jurídico-políticas e os discursos de governamentalidade desses espaços onde a *exceção vira regra*; para se deslocar das tentativas de controle, regulação e captura dos corpos e territórios; para fazer da "dessubjetivação" uma possibilidade de recriação da vida diante de uma "máquina letal" que produz *sobreviventes*.

# Junho e a política transformada em *técnica*
## Mas, e quando a rua pulsa fora?

Citei, em outro momento desse livro, o artigo de Fernando Haddad: "Vivi na pele o que aprendi nos livros — um encontro com o patrimonialismo brasileiro" (2017). Agora, retomo esse texto com outra questão. Desejo investigar como a "política transformada em técnica" está presente nas interpretações e decisões sobre junho de 2013. No início do texto já encontramos o ponto que me interessa: a tensão entre Dilma e Haddad sobre o reajuste da tarifa de ônibus no município de São Paulo. A causa: como controlar a inflação. A manutenção do valor da tarifa — para a equipe econômica do Planalto — era fundamental, especialmente depois de um congelamento dos reajustes em dois anos. A proposta de Haddad era a municipalização do Cide — Contribuição de Intervenção no Domínio Econômico —, que incide sobre a comercialização da gasolina, do diesel e seus derivados, um tributo da União. Para ele, o subsídio do transporte público sairia daí. A ideia foi recusada. O antigo prefeito — depois da reunião — afirma que alguma coisa estava errada: "não se pensa em controlar a inflação de um país continental pelo represamento de uma tarifa municipal sem atravessar estágios intermediários e sucessivos de uma compreensão equivocada" (HADDAD, 2017, p. 30). Segundo Haddad, o governo Dilma desejava uma "estabilidade macroeconômica" via um "intervencionismo microeconômico".

Aqui está um ponto sobre o debate de Junho, olhares econômicos no horizonte da técnica. Tanto Dilma como Haddad circulam nesse universo. Por exemplo, em uma reunião entre o prefeito e o MPL, "Haddad pede a definição de uma fonte orçamentária do subsídio que reivindicam e questiona o movimento sobre sua suposta indisposição em negociar. O MPL diz que não cabe ao movimento encontrar soluções técnicas para uma demanda social e afirma que sempre esteve aberto a discutir a revogação do aumento" (JUDENSNAIDER et al., 2013, p. 159). Quem encontrará a saída para a gestão do transporte e para a mobilidade numa cidade como São Paulo? O diálogo na reunião entre o prefeito e o movimento revela o que Sandro Chignola chamará de *"tecnicização da decisão política"*. Ele explica: por ser técnica, a decisão é "cada vez mais subtraída dos procedimentos de formação e de controle das instituições democráticas" (2017, p. 34). Com os diálogos desde Foucault, podemos indicar a técnica como um saber-poder, um *discurso* que pode ordenar e construir regimes de verdade. Ou: desde Agamben, poderíamos apontar que o debate feito em junho, com ênfase na tarifa, guia-se como um "dispositivo da técnica". Uma política — com todas as intenções biopolíticas de garantia da vida (e *sobrevida*) — ditada pelas "supremas razões da eficiência econômica ou do mercado, orientada por problemas de segurança, modulada sobre as exigências do capital" (CHIGNOLA, 2017, p. 34). As decisões sobre Junho não transformam a política em técnica, elas a escancaram. Como em outros acontecimentos, como no fechamento das escolas estaduais em São Paulo.

Quando a decisão, tomada em conjunto por Fernando Haddad (PT) e Geraldo Alckmin (PSDB), de redução da tarifa é anunciada, o argumento novamente é colocado no espaço da *técnica*. Alckmin, por exemplo, apresenta que o cancelamento do reajuste do metrô e do trem "é um sacrifício grande, vamos ter que cortar investimentos, porque as empresas não têm como arcar com essa diferença. Vamos arcar com esses custos fazendo ajustes na área de investimentos" (UOL, 2013). Haddad seguirá a mesma linha da dificuldade em se manter o equilíbrio das contas: "Conforme o governador disse, não há como fazê-lo sem dispensas no investimento. O investimento acaba sendo comprometido. Então, esse debate vai ser feito com a sociedade. As implicações dessa medida" (UOL, 2013). Essa *tecnicização da decisão* com um "sacrifício" guiado pela austeridade dos governos, combinado com a manutenção dos lucros das empresas, coloca a reivindicação diante de uma encruzilhada. Aceita-se as regras do jogo e apresenta-se um plano "popular" de subsídios e organização da gestão do transporte público? Limitar-se a esse caminho

– dirá o Comitê Invisível — "é ter a certeza que a luta será perdida, uma vez que admite implicitamente uma ideia de vida que não nos convém" (COMITÊ INVISÍVEL, 2016, p. 61). Esperar de Junho uma eficiência econômica — das ruas ou dos gabinetes — é não entender o centro da questão colocada nesses atos: *"uma outra ideia de vida"*. As pichações abaixo trazem esse ponto de invenção e imaginação da vida e do mundo, mesmo com palavras apagadas. Como um palimpsesto, o rastro imaginativo permanece atrelado ao espaço em que a luta se deu. Não no espaço da *técnica*, mas do *uso* do espaço-rua, transformando-o em *comum*, fora do esquema da posse.

A rua escancara outro ponto no debate sobre junho: o tema da democracia e dos modelos de participação. Haddad faz a seguinte pergunta: "como explicar a explosão de descontentamento ocorrida em junho daquele ano, expressa na maior onda de protestos desde a redemocratização?" (2017, p. 33). A sua inquietação se deve a um motivo: o Brasil estava mudando em um cenário de "inclusão". "O desemprego estava num patamar ainda baixo; a inflação, embora pressionada, encontrava-se em nível suportável e corria abaixo dos reajustes salariais; os serviços públicos continuavam em expansão, e os direitos previstos na Constituição seguiam se ampliando" (2017, p. 33). Por que essa onda "insurgente"? Gilberto Carvalho — então ministro da Secretaria-Geral da Presidência —, em 24 de janeiro de 2014, no Fórum Social Mundial em Porto Alegre (RS): "declarou que houve perplexidade no governo federal e até um sentimento de 'ingratidão' em relação aos manifestantes de junho de 2013: 'nós ficamos perplexos', esclarecendo que o 'nós' abrangia governo e 'movimentos sociais tradicionais'" (Citado em ARANTES, 2014, p. 453).

Tatiana Roque, diante da pergunta de Haddad, coloca outra questão: "por que partir da premissa de que as pessoas só vão às ruas quando estão em má situação econômica?" (2017, p. 36). A leitura de Roque é que a hipótese petista, "que associa 2013 a um movimento de direita, parte de uma premissa míope (e economicista)" (2017, p. 35). Haddad, por exemplo, interpreta que o "impeachment de Dilma não ocorreria não fossem as jornadas de junho" (2017, p. 35). Aqui, concordo com Tatiana Roque. Junho reduzido ao debate econômico é limitador e não possibilita compreender ou-

Pichação em Salvador, 16 de junho de 2013.
Foto: Milene Migliano.

Pichação em Belo Horizonte, 21 de junho de 2013.
Foto: Lucas Magalhães.

tras dinâmicas subjetivas ali vivenciadas. Junto a isso, a vinculação (causa *e* efeito) entre impeachment e jornadas, feita por Haddad, é problemática em seu determinismo histórico e por não levar em consideração os próprios jogos da governabilidade em um cenário democrático — desde a década de 80 — marcado por uma naturalização do "pemedebismo"[1] como lógica política, e as combinações e arranjos econômicos com setores da imprensa, do judiciário e do legislativo para o rompimento dos "pactos" democráticos centrados na Constituição de 1988.

Segundo Tatiana Roque, "junho de 2013 foi um movimento por *mais* [...]. Os protestos marcavam o esgotamento de um tipo de adesão ao poder político e ao projeto de desenvolvimento em curso" (ROQUE, 2017, p. 35). Sobre o "mais", Dilma Rousseff concordaria. No pronunciamento do dia 21 de junho de 2013, ela afirma algo semelhante: "Esta mensagem exige serviços públicos de mais qualidade. Ela quer escolas de qualidade; ela quer atendimento de saúde de qualidade; ela quer um transporte público melhor e a preço justo; ela quer mais segurança. Ela quer mais"; mas para isso, a presidenta afirma: "as instituições e os governos devem mudar" (ROUSSEFF, 2013). Como saída, Dilma apresenta os "cinco pactos" — em reunião com governadores e os prefeitos das capitais, em 24 de junho de 2013 -: por responsabilidade fiscal, reforma política, saúde, transporte e educação. A reforma política — como planejada — logo

---

[1]. Conferir Marcos Nobre, *Imobilismo em movimento: da redemocratização ao governo Dilma* (2013). Em uma síntese elaborada por Celso Barros (2013), a partir da obra, temos que — para Nobre — "o pemedebismo é apresentado, ao início, como uma "cultura política" que reúne, ao mesmo tempo, os seguintes elementos: (a) o governismo, a tendência a aderir a qualquer governo; (b) a configuração da política como um sistema de vetos, mais do que de propostas positivas; (c) a preocupação em obter supermaiorias legislativas; (d) o esforço dos insiders a criar barreiras de entrada para os outsiders; (e) o esforço para bloquear qualquer iniciativa alternativa nos bastidores, fora do jogo aberto. Ao longo do livro, novas características do pemedebismo vão sendo apresentadas de maneira bastante ad hoc: (f) no pemedebismo, o apoio formal não é garantia de apoio real; (g) há um sistema de sístoles e diástoles no pemedebismo, em que as tensões acumuladas dentro do sistema são desafogadas pela criação de novos partidos (como o PSD); (h) o pemedebismo é marcado pela convicção de que a melhora das condições sociais de vida é suficiente para garantir apoio político" (BARROS, 2013).

precisou ser modificada e "engavetada" pela governabilidade, em especial com o partido do vice-presidente (PMDB).

A questão importante, na análise de Tatiana Roque, é o esgotamento da adesão e do projeto de desenvolvimento. Sobre a adesão, vale resgatar o espanto de Haddad com a *forma* assumida pelas Jornadas de Junho de 2013. Segundo ele, todas as "modernas organizações contestatórias" — como o MST (Movimento dos Trabalhadores Rurais Sem Terra), o MTST (Movimento dos Trabalhadores Sem Teto), a CUT (Central Única dos Trabalhadores) e a UNE (União Nacional dos Estudantes) — "sempre foram adeptas de alguma mediação político-institucional" (HADDAD, 2017, p. 34). Com essa leitura, Haddad apresenta uma síntese instigante:

Nos países do núcleo orgânico do sistema, onde essa mediação [político-institucional] era menos provável, ganhou corpo desde os eventos de Seattle, em 1999, uma certa esquerda antiestatal, neoanarquista charmosa, que mantém distância dos governos e das instâncias de representação política em geral. Os protestos nessas circunstâncias ocorrem de forma inteiramente nova. Sem vínculos partidários, nem pretensões eleitorais, a partir de uma agenda bastante específica e de difícil contestação, esses movimentos começaram a fazer sucesso mundo afora. E eles foram bastante críticos em relação à política e às formas tradicionais de negociação que viriam inspirar os movimentos mais contemporâneos que se desenvolveram no Brasil, dentre os quais o MPL (2017, p. 34).

O espanto de Haddad está centrado aqui: na foorma como Junho acontece sem a mediação "político-institucional", sem as negociações com os governos, especialmente diante de governos de centro-esquerda, em que "essa tendência se acentuava e trazia ganhos efetivos para os grupos representados" (2017, p. 34). Esse problema não incomoda apenas o ex-prefeito. Enid da Silva & Débora de Macedo — pesquisadoras do IPEA —, ao analisarem a atuação política e a participação de jovens no Conselho Nacional de Juventude, levantam a seguinte questão: "por que as insatisfações, as reivindicações e as demandas que tomaram as ruas em junho de 2013 não chegaram ao Estado por meio dos inúmeros canais de participação social existentes na esfera pública federal brasileira?" (MACEDO & SILVA, 2016, p. 18). Aqui vemos uma tensão entre os espaços e os mecanismos de participação social "administrativa" e as mobilizações de junho de 2013. Há algo que acontece para além dos espaços "político-institucionais".

André Singer apresenta, numa combinação de pesquisas com os participantes, um perfil das manifestações de junho de 2013. De início, ele se coloca para além da polaridade existente entre as pesquisas que indicam Junho com uma presença forte da "classe média tradicional" (BOITO, 2013) e outra que indica Junho com uma presença marcante do "precariado", da "nova classe trabalhadora" (BRAGA, 2013).[2]

A hipótese de André Singer articula as duas coisas:

a saber, tanto expressão de uma classe média tradicional inconformada com diferentes aspectos da realidade nacional quanto um reflexo daquilo que prefiro denominar de novo proletariado, mas cujas características se aproximam, no caso, daquelas atribuídas ao precariado pelos autores que preferem tal denominação: trata-se dos trabalhadores, em geral jovens, que conseguiram emprego com carteira assinada na década *lulista* (2003-2013), mas que padecem com baixa remuneração, alta rotatividade e más condições de trabalho (SINGER, 2013, p. 27).[3]

---

2. Há uma pequena atualização desse artigo no seu livro: *O lulismo em crise* (2018).
3. Como podemos ver nas pesquisas de André Singer, estavam nas ruas de Junho tanto "profissionais engravatados" como jovens "proletários" que haviam conseguido o seu primeiro emprego na década lulista, com um perfil de "baixa remuneração, alta rotatividade, más condições de trabalho e escolaridade superior à de seus pais" (SINGER, 2018, p. 109). Encontra-se, aqui, uma política desenvolvimentista com expansão do assalariamento, mesmo que junto a isso se tenham trabalhos precários e mal remunerados. Podemos também retomar os estudos de Ruy Braga sobre o "precariado" e as operações de call center. A síntese do trabalho de teleoperadores está colocada desse modo: "formalização, baixos salários, terceirização, significativo aumento do assalariamento feminino, incorporação de jovens não brancos, ampliação do emprego no setor de serviços, elevação da taxa de rotatividade do trabalho, etc" (BRAGA, 2012). Corpos ocupados e em ampla "produtividade". Mas não estamos em um terreno de leituras facilmente demarcadas. Há estudos que indicam a importância da conciliação entre estudo, trabalho e vida familiar para a autonomia, ajuda na renda da casa e mobilidade de jovens, especialmente nas periferias das grandes cidades. Felícia Picanço, por exemplo, no artigo "Juventude e trabalho decente no Brasil: uma proposta de mensuração" (2015), escreve: "por que alguns jovens optam pelo trabalho? O fato de que há mais jovens das classes de renda mais baixas trabalhando, sempre foi um ponto

Entre tantas possibilidades para se traçar um perfil, Singer faz uma combinação entre idade, a escolaridade e a renda dos manifestantes. No ponto de vista etário, Junho "foi um movimento formado por base majoritária de jovens, complementada por significativo contingente de jovens adultos (aproximadamente de 26 a 39 anos), com pequena inserção de adultos da meia-idade para cima" (2013, pp. 27-28).[4] A pergunta de Enid da Silva & Débora de Macedo talvez decorra daqui, como as pautas de uma manifestação marcadamente jovem não se mostraram presentes no principal espaço de participação social do governo federal? Junho também traz outra marca, "tais jovens e jovens adultos possuíam alta escolaridade", "nas oito capitais pesquisadas, nada menos que 43% dos manifestantes tinham diploma universitário, quando, em 2010, apenas 8% da população brasileira possuía o canudo" (2013, p. 28). Em relação à renda, o cenário é diferente. Segundo Singer, "do ângulo da renda e da ocupação que se pode deduzir dela, as pesquisas apontam uma incidência expressiva da metade inferior da pirâmide [até 5 salários mínimos] nas manifestações" (SINGER, 2013, p. 31). Algumas informações ainda são importantes nessa discussão. Se for considerado que a maioria da população era jovem e que havia entrado recentemente no emprego — como aponta Singer —, tem-se a presença de um "proletariado" nas ruas de Junho (SINGER, 2013, p. 31). E

---

de partida para que a resposta à indagação fosse a necessidade, ajuda na renda familiar. As pesquisas sobre juventude tornam essa certeza, se não menos absoluta, mais complexa. Os estudos de Madeira (1986), Spindel (1988), Barros e Santos (1991), Alves-Mazzotti (2002), Sabóia et al (2005), Abramo (2005) e Oliveira et al (2005) permitem apontar que a generalização não é possível. Os padrões e tendências existem marcados pelas distintas condições e condicionantes dos jovens. Para muitos adolescentes e jovens, trabalhar é parte da definição e expectativa de vida, seja pelo processo de autonomia ("ter meu próprio dinheiro"), seja, como é recorrente nas falas,' "para ajudar em casa". E existem situações em que a renda proveniente do trabalho do adolescente ou jovem é essencial para a reprodução familiar" (PICANÇO, 2015, p. 572).

4. Segundo Jean Tible, "é importante ressaltar a composição das manifestações [de 2015-2016]: pessoas mais ricas, brancas e idosas participaram delas do que em junho de 2013. Isso não as impediu de expressar uma rejeição muito mais ampla do governo de Dilma e do PT, que tornou-se maioria naquele tempo em quase todos os estratos da população" (TIBLE, 2018a, p. 9).

mais, desde os gráficos analisados, pode-se "cogitar a possibilidade de ter estado presente nas manifestações uma massa de jovens de escolaridade mais alta que a renda" (2013, p. 31). Em síntese, uma combinação — segundo Singer — entre dois blocos "relativamente equivalentes, formados por jovens e jovens adultos de classe média e outro por pessoas da mesma faixa etária, mas pertencentes à metade inferior da estrutura social brasileira, sendo estes com menos escolaridade média" (SINGER, 2013, pp. 31-32).

Todo o exercício de André Singer em pensar Junho e tentar traçar um perfil dessas manifestações parece reduzir esses acontecimentos a um embate dualista entre *produtivismo* e *rentismo*. Alexandre Mendes explicita a leitura de Singer: "o movimento de Junho de 2013, apesar de sua heterogeneidade inicial, teria levado à intensificação das 'forças liberalizantes' que culminaram no fim do pacto inclusivo que estava sendo pavimentado pelo *lulismo*" (MENDES, 2018). Essa pavimentação é marcada tanto pelo "tempo longo do reformismo fraco (Lula) ou da aceleração do ensaio desenvolvimentista (Dilma)". Essa leitura se evidencia ainda mais no texto de Singer *O lulismo em crise: um quebra-cabeça do período Dilma (2011-2016)* (2018). Nesse livro, vinculada à hipótese de um acontecimento socialmente heterogêneo, temos um Junho com ideologias cruzadas. Desde um MPL com uma crítica ao capitalismo e à cidade feita mercadoria, até tendências de direita, com hostilidade aos políticos — especialmente ao PT e ao *lulismo* (SINGER, 2018, p. 119). Segundo sua análise, "começa ali o crescimento de grupos que iriam desaguar na pré-candidatura direitista de Jair Bolsonaro à presidência da república em 2015. As manifestações adquirem um viés oposicionista geral que não tinha antes" (SINGER, 2018, p. 119).

Para sustentar a sua interpretação, Singer divide os acontecimentos de Junho em três etapas. A *primeira* é marcada pela pauta da redução da tarifa das passagens de ônibus e metrô em São Paulo (6 a 13 de junho). Há ainda, aqui, uma profunda criminalização das manifestações. A partir de 13 de junho, com a repressão na avenida Consolação, em que a Polícia Militar atua "sem controle, atingindo transeuntes e jornalistas de maneira indiscriminada", abre-se uma *segunda* etapa (17 a 20 de junho), com "manifestações em todas as maiores capitais", com um uso significativo das redes sociais e uma "dispersão de conteúdo". Segundo Singer, 17 de junho foi um marco em São Paulo, pois "muita gente foi à rua para protestar contra a repressão de Alckmin. Entretanto, milhares foram demonstrar insatisfação com os políticos *em geral*" (2018, p. 105). Com o início da Copa das Confederações, em 15 de junho, "São Paulo perde a centralidade. O protagonismo se desloca para as praças onde haveria jogos" (2018, p. 107). No dia 19 de junho, a prefeitura e o governo de São Paulo revogam o aumento da tarifa. Na quinta-feira, 20 de junho, o MPL convoca uma manifestação para celebrar a conquista. Alcança-se 1,5 milhão de pessoas. Em São Paulo "militantes de partidos de esquerda foram expulsos à força da avenida Paulista por gente vestida de verde e amarelo, em geral a camiseta da seleção brasileira, mesmo traje utilizado dois anos mais tarde contra Dilma" (2018, p. 107). O MPL se retira das manifestações. Inicia-se uma *terceira* etapa dos atos, de 21 de junho até o fim do mês, marcada por protestos dispersos e com pautas cada vez mais fragmentadas. Nesse ponto, pergunta Singer: "como definir o caráter ideológico posto nas ruas? Por baixo da ideologia, qual o caráter de classe dos acontecimentos?" (SINGER, 2018, p. 108).

Aqui quero aprofundar essa análise de Singer para compreender os seus limites em analisar um Junho que cai "no lado errado da trincheira, da disputa entre coalizões no interior do lulismo, culminando no impeachment de 2016" (MENDES, 2018). O mesmo erro de Haddad. Segundo Singer, a direita trouxe — para a segunda etapa das manifestações — o problema da corrupção e a esquerda evidenciou e ampliou o problema das iniquidades urbanas. Há aqui, segundo o autor, "um cruzamento ideológico que se compunha com a mistura de classes" (SINGER, 2018, p. 121), observada acima. Nessa tensão, Singer localiza o surgimento de um *centro* que foi capaz de "bradar simultaneamente contra os gastos públicos privatizados pelo capital *e* contra a corrupção", moderando ambas as opções, não transformando a reinvindicação de hospitais e escolas "padrão Fifa" em um combate ao capitalismo (esquerda), nem a "perseguição a corruptos em uma alternativa autoritária" (direita) (2018, p. 122).

Nessa linha, aparece um dos principais problemas na interpretação de André Singer,

> O centro propõe que as duas consignas apareçam como o reflexo de uma sociedade moderna em confronto com um Estado atrasado. Ao enfocá-lo dessa forma, retira o potencial de confronto de classe que as palavras de ordem pudessem ter. Desloca o conflito para o tecido social unificado e participativo *contra* o aparelho estatal opressivo, do qual quer remover velhos hábitos, corporativos e corruptos (SINGER, 2018, p. 122).

Há aqui uma tentativa de estabelecer uma *síntese* nas polaridades presentes em junho, com a "constituição de um centro pós-materialista", em um esvaziamento da "luta de classes". Numa gramática parecida, Alana Moraes colabora na crítica a essas interpretações de Singer. Diz ela: "a gente precisa entender que a 'luta de classes' não se dá só na dimensão do trabalho pelo antagonismo ao capital, mas também se dá contra o Estado, contra as forças conservadoras que os constituem" (MORAES, 2018a, p. 41). E diz mais, a partir de Edward Thompson: "quem faz a revolução é a classe, não o 'conceito' de classe. E em junho a 'classe' aparece em toda sua diferença: precários, estudantes, favelados, jovens, mulheres" (MORAES, 2018a, p. 41). André Singer parece não compreender a potência de Junho fora do binarismo Estado *x* mercado. O seu elogio ao MPL se dá nesse ponto: "fica claro que a briga contra as tarifas de transporte era um modo de lutar contra o capitalismo, o sistema que se rege pela 'lógica da mercadoria' " (SINGER, 2018, p. 117). O problema na interpretação de Singer, ao meu ver, está em afirmar que "o potencial de confronto de classe" se perde quando Junho se descola para uma mobilização "*contra* o aparelho estatal opressivo" do Estado.

Penso que o mesmo erro é cometido pela pesquisa "Percepções sobre a periferia de São Paulo" (2017), coordenada pela Fundação Perseu Abramo (FPA), do Partido dos Trabalhadores. A pergunta que guiava o estudo, depois da derrota de Fernando Haddad (PT) para João Dória (PSDB), em São Paulo, era "por que os pobres não votam mais no PT?". Entre as conclusões, a pesquisa aponta uma "sobrevalorização" do mercado sobre o Estado, um "liberalismo das classes populares". Nessa leitura, o eleitor tem a igualdade de oportunidades como ponto de partida e a defesa do mérito como linha de chegada. Trata o mercado como instituição mais crível que o Estado, a esfera privada mais relevante que a pública e cultiva mais o individualismo do que a solidariedade. Tem como valores prioritários o sucesso, a concorrência, o utilitarismo e mercantilização da vida (FPA, 2017).

Essas interpretações colocam o "pobre" — essa categoria construída e "monolítica" em algumas leituras — entre a "cruz e a espada". Ou segue em um elogio e "devoção" ao Estado promotor de direitos e de garantias mínimas de vida, mesmo que ele funcione mal e fora de uma perspectiva "ideal"; ou segue numa lógica "alienada", massas "embebidas no sonho do mercado". Como recusar a mediação das vidas e dos territórios feita pelo Estado, mesmo como corpos "sujeitos à repressão sistemática do Estado mediante o aparato de segurança e, por outro lado, excluídos dos modos de autopreservação e cuidado público — a educação, a saúde etc." (MORAES, 2017)? Diante desse cenário — de exceção e de produção de *homo sacer* —, a recusa e a construção de alternativas ao Estado não pode ser interpretada como uma saída liberal. A oposição estruturada na pesquisa coloca o "pobre" diante de uma "luta dos deuses" — o mercado e o Estado. Mas, na verdade, essa dicotomia gera uma bipolaridade: "em um polo está um Mercado planejado pelo Estado e, no outro, um Estado a serviço de um Mercado — a despeito dos arranjos e das gradações, Estado e Mercado estão sempre ali, interdependentes" (MORAES, 2017).[5] No fundo, o problema que temos aqui é a compreensão e concepção de Estado que a "esquerda" — para usar as categorias de André Singer — tem criado. Por isso, uma pergunta que me parece fundamental é como imaginar novas formas de "disputar esse Estado, que seja também contra ele próprio, uma política

---

5. Sobre essa binariedade, ainda cabe apontar: "o binômio Estado X Mercado apresentado pela pesquisa perde de vista uma das principais engrenagens do modo de funcionamento do neoliberalismo que, para avançar, precisa que mercado e Estado produzam uma coexistência intrínseca: seja nas ações públicas orientadas por critérios de "produtividade" ou "eficácia", a "gestão de resultados"; seja no papel crescente das polícias como garantidoras extra-legais da propriedade privada, da especulação imobiliária e na criminalização dos movimentos questionadores da ordem de mercado" (MORAES, 2017).

de dissolução desse Estado para a construção de outras formas de governo mais amparadas na democracia direta, na autonomia de territórios, na desmilitarização da vida"? (MORAES, 2018a, p. 43). Aqui está uma questão central e complexa.

Na mesma linha de compreensão do Estado, cabe agora retomar o espanto de Haddad com a ausência das mediações "político-institucionais" em junho. Penso ser necessário resgatar o conceito de "protagonismo juvenil", tão importante nos espaços dos conselhos e das políticas de participação social. Regina Souza pesquisa o *discurso* do "protagonismo" e apresenta alguns dos seus problemas. Um deles é a "atuação social" como nova forma de fazer política, que resulta na anulação da política pela adoção do "fazer coisas" como marca e forma de participação social, com a fabricação de consensos (e os impedimentos das falas transgressoras e dos dissensos) e a encenação do exercício de participar. Em síntese, o discurso de "protagonismo juvenil" é na verdade o elogio da "participação administrativa" e o esvaziamento da discussão e da decisão sobre os assuntos públicos (SOUZA, 2009, p. 13). Assim, "pode-se argumentar que tal forma de participação não consiste em "reinvenção da política" ou em oportunidade de 'cidadania ativa' justamente por se limitar ao âmbito da administração dos negócios públicos, em que está ausente o poder de deliberação" (2009, p. 13). Os acontecimentos de Junho estão em uma outra direção e perspectiva.

Nesse esquema, ao analisar o Projeto Juventude (2005),[6] Regina Souza apresenta que o consenso sobre "protagonismo juvenil" é esta-

---

6. O Projeto Juventude foi elaborado pelo Instituto Cidadania sob solicitação do presidente Lula (NOVAES, 2015, p. 5). O documento final do projeto foi apresentado no Acampamento de Juventude do FSM de 2005, um texto que, após consulta de diferentes atores e atrizes da sociedade civil, indicava a "criação de um espaço institucional 'de juventude' em nível federal, o que veio a se concretizar em junho do mesmo ano" (NOVAES, 2015, p. 5). Esse foi um movimento de elaboração de políticas públicas que parte das distintas trajetórias e percursos das juventudes, as diferentes possibilidades e modos de organização e de construção política dos jovens, os processos de elaboração de unidades e articulações entre entidades de apoio, movimentos de juventude e redes e fóruns com diálogos construídos no âmbito da institucionalidade. Já em 2003, a pesquisa *Perfil da Juventude*, realizada pelo Projeto Juventude, mostrava que a maior parte dos jovens não atuava em organizações e movimentos tradicionais, apontando para uma desinstitucionalização

belecido pelo próprio discurso. Uma fala que se apoia num quadro explicativo da sociedade, na definição de um campo semântico, na referência da repetição, na ressignificação de noções construídas em outros contextos sociais e políticos, confundindo e estrangulando os dissensos e contra-argumentos (2009, p. 14) Nesse esquema "parece não haver margem para a inovação e a originalidade além do estrito campo da *formulação, desenho, planificação e adoção* de decisões, medidas, projetos e políticas públicas concebidos no interior de um determinado discurso" (2009, p. 15). Não há, assim, a possibilidade da "ação política". Isso não implica em um fatalismo. Há saídas e possibilidades para a reinvenção da política. "A contraposição [dessa "participação administrativa" e desse modelo de "protagonismo juvenil"] só será possível a partir de um lugar exterior ao discurso, sustentado, inclusive, por uma prática social e política contrária" (SOUZA, 2009, p. 16). Aqui não estaria Junho — como acontecimento — e o espanto de Haddad?

Sobre essas negociações entre sociedade civil e governo, Enid da Silva & Débora de Macedo partem do pressuposto que "os novos arranjos participativos criados e fortalecidos nos últimos anos contribuíram para inserir novos temas na agenda governamental e para aumentar o controle social e a permeabilidade do Estado ao interesse público, mas não favoreceram a participação social nas demais fases do ciclo de políticas públicas" (MACEDO & SILVA, 2016, p. 18). Um dos problemas reside na referência que essa política de participação possui: a democracia representativa e o que as autoras chamam de "método institucional de gestão" marcadamente orientado pela burocratização do Estado e a pouca participação da sociedade civil, dos distintos sujeitos e organizações políticas. Além disso, ainda existem outras dificuldades na política de participação social, segundo elas:

1. Inexistência de estratégia de coordenação horizontal entre as diversas conferências nacionais;

---

da participação. Para ser mais preciso, 85% dos jovens entrevistados não participam de grupos ou organizações. Entre aqueles que participam, o maior espaço associativo é a religião, mais especificamente as igrejas (4%).

2. Intervalo muito curto entre a realização de conferências, sobre o mesmo tema ou similares, com pouco prazo para execução;

3. Ausência de acompanhamento das deliberações encaminhadas; e

4. Falta de integração entre as decisões tomadas pelos conselhos e pelas conferências e as tomadas no âmbito do Congresso Nacional (MACEDO & SILVA, 2016, p. 19).

Para analisar a experiência do CONJUVE, as pesquisadoras elencaram três grandes aspectos:

1. A pluralidade da participação;

2. A existência de recursos para aumentar a força das decisões; e

3. A incidência de suas decisões no ciclo de políticas públicas.

Em suas análises, a partir de pesquisas com conselheiras e conselheiros, o CONJUVE, naquilo que se refere à pluralidade de participação, é um conselho inclusivo e diverso, com várias organizações da sociedade civil, movimentos de juventude e redes e fóruns. Na composição que foi pesquisada, havia entidades ligadas ao movimento hip-hop, ao funk, por exemplo. No entanto, as autoras apresentam que o conselho não é representativo das características socioeconômicas da população brasileira nos quesitos de renda e escolaridade, com conselheiras e conselheiros entrevistados acima da média da população jovem brasileira (2016, p. 54). Para esse fenômeno, Silva & Macedo afirmam que os integrantes do CONJUVE — como em outros conselhos nacionais — representam uma "elite participativa", "agregando pessoas das classes socioeconômicas mais elevadas e com maior capacitação técnica e política" (2016, p. 54).

Sobre a existência de recursos, o conselho não é dotado de muitas ferramentas que possam garantir incidência política. Além disso, as decisões do CONJUVE se apresentam apenas como indicação e proposição devido ao seu caráter consultivo e não deliberativo. As fragilidades no ponto de vista da força das decisões do conselho estão presentes na base do CONJUVE, o seu regimento. A "leitura das atribuições regimentais do conselho mostra que a maioria de suas competências não influi diretamente nas atividades de desenho, formulação, planejamento e alocação de recursos, integrantes do ciclo de políticas públicas" (MACEDO & SILVA, 2016, p. 55).

Por fim, sobre a incidência no ciclo de políticas públicas (PPJ), as pesquisadoras apontam que o conselho possui maior atuação na "formação da agenda governamental" e "no controle social", o que "revela sua importância na introdução de novos direitos para os jovens na pauta de PPJ, no acompanhamento do controle das ações governamentais e na concessão de mais transparência das ações do governo para a sociedade" (MACEDO & SILVA, 2016, p. 55). No entanto, entre os 15 principais encaminhamentos do CONJUVE entre 2012-2014, apenas um se refere à "incidência na etapa de desenho e formulação de políticas públicas". Por que essa característica? O problema está na raiz da não canalização das demandas das ruas para o interior do CONJUVE. Além disso, o conselho congrega a parcela mais organizada da população (a denominada "elite participativa"), que possui — segundo as autoras — uma dificuldade em dialogar com uma população mais excluída e com os jovens não organizados em movimentos e entidades da sociedade civil. Soma-se a isso, também, a necessidade e a urgência em propiciar maior poder de deliberação e a constituição de mecanismos e ferramentas para a incidência política do CONJUVE. A participação existe. Mas não estaríamos no jogo da "máquina governamental" em sua captura e bloqueio de desejos?

Thiago Trindade, ao analisar as ocupações urbanas e a luta pelo direito à cidade em São Paulo, apresenta os limites do "consenso participativo" e as lógicas de defesa estruturadas pelo próprio "estado democrático de direito". As ações de caráter mais "disruptivo" — como as ocupações de terra e de imóveis — "têm a sua legitimidade questionada e são interpretadas como uma afronta aos pilares responsáveis pela sustentação do regime democrático" (TRINDADE, 2016, p. 220). Numa articulação entre soberania e governamentalidade, o Estado atua de maneira ambivalente, de um lado "convida" e espera os atores sociais para a participação dos mecanismos institucionais da gestão de políticas públicas — a recusa pode ser vista como "ingratidão"; do outro, "criminaliza-se aqueles que operam" por fora desse campo gravitacional" (2016, p. 220). Sobre isso, vale resgatar o pronunciamento de Dilma Rousseff em 21 de junho de 2013. Nele, a presidenta faz um elogio a uma democracia "ordeira". Ela é enfática: "asseguro a vocês: vamos manter a ordem".[7] O governo e sociedade — afirma Dilma — "não podem aceitar que uma minoria violenta e autoritária destrua o patrimônio público e privado, ataque templos, incendeie carros, apedreje ônibus e tente levar o caos aos nossos principais centros urbanos" (ROUSSEFF, 2013). O discurso naquele momento tenta classificar, hierarquizar e determinar, numa separação discursiva, o cidadão e o "vândalo". Estratégias de construção da ordem, como apresentei no segundo capítulo desse livro. Mas a pergunta que me interessa agora é: qual o esquema que possibilita esse *modo* de operação do Estado?

---

[7]. Segundo Rubens Ferreira, "sem conseguir identificar lideranças com as quais pudessem dialogar para pôr fim aos protestos, os poderes Executivo e Legislativo responderam com uma nova legislação para restituir a ordem. Uma reação que se deu precisamente pela criação da Lei Federal no 12.850 (Lei de Organização Criminosa), promulgada pela presidente Dilma Rousseff, em dois de agosto de 2013, e pela Lei Estadual no 6.528 (Lei Contra as Máscaras), promulgada pelo então governador do Rio de Janeiro, Sérgio Cabral, em 11 de setembro de 2013" (FERREIRA, 2016, p. 15).

# A «democracia gloriosa» e o Estado-Deus

A «MÁQUINA GOVERNAMENTAL» COMO UMA
BINDADE: *E O VAZIO*?

Os acontecimentos de junho deixam *o rei nu*. Essa articulação entre gestão eficiente-de-planilhas-e-reuniões e a soberania estruturada na *exceção* e no *bando* só é possível devido a uma dimensão teológica. O Estado moderno, segundo Giorgio Agamben, possui três grandes paradigmas que influenciam o desenvolvimento e a ordem política do Ocidente: o jurídico, o teológico e o biopolítico (Cf. CASTRO, 2013). O Estado se organiza a partir de sua lógica soberana e sagrada (teológico), com referência em marcos legais e como um estado de exceção (jurídico) e com a capacidade de regular corpos, vidas e populações (biopolítica). Mas em seu "coração" temos um "trono vazio". O centro da "máquina governamental" está vazio. Como escreve Agamben: "o trono vazio, o símbolo da glória, é o que deve ser profanado para dar lugar, para além dela, a algo que, por ora, podemos apenas evocar com o nome *zoé aiōnios*, vida eterna" (2011, p. 11). Junho — visto em suas grafias e opiniões *polifônicas* — escancara o vazio desse trono. E nesse "desvelar", no centro da política, encontramos a *inoperosidade* (AGAMBEN, 2011, p. 11). Esse argumento, aqui apresentado de maneira direta, será desdobrado nesse tópico.

A tarefa de Agamben é pensar a inoperosidade fora da "glória", que definiu as relações político-teológicas. Por isso, dirá Agamben, "festa e ociosidade afloram sem cessar nos sonhos e nas utopias políticas do ocidente e, da mesma maneira, neles naufragam continuamente" (AGAMBEN, 2011, p. 268). E mais: esses "sonhos e utopias" são "restos enigmáticos que a máquina econômico-teológica abandona nos campos de batalha da civilização e sobre os quais os homens voltam de tempos em tempos a interrogar-se inútil e nostalgicamente" (2011, p. 268). Esse belo trecho escancara ainda mais a democracia e política centradas na glória que tenta, sem êxito, encobrir o vazio. Por isso, uma urgência teológico-política é "desvelar a nudez de Deus tanto quanto a nudez do ser humano, mas ambas para além das assinaturas que foram colocadas sobre elas (ou cuja existência se poderia estar reagindo)" (DICKINSON, 2017b, p. 17). O vazio é essa nudez tão esperada e desejada.

Nesse exercício que me proponho, é preciso apontar, de maneira sintética, o trabalho de Agamben em estabelecer uma *genealogia teológica da economia e do governo*. Algo presente no livro *O reino e a glória* (2007). Nesse estudo, Agamben afirma que se derivam da teologia cristã — de modo amplo — dois paradigmas políticos:

antinômicos, porém funcionalmente conexos: a teologia política, que fundamenta no único Deus a transcendência do poder soberano, e a teologia econômica, que substitui aquela pela ideia de uma *oikonomia*, concebida como uma ordem imanente — doméstica e não política em sentido estrito — tanto da vida divina quanto da vida humana (AGAMBEN, 2011, p. 13).

Giorgio Agamben encontra uma relação fundamental entre a doutrina trinitária e a política. As relações internas da trindade (trindade política) — focadas na unidade e diversidade trinitária — e as suas relações externas (trindade econômica) — compreendidas como a ação salvadora do Deus triuno no mundo — implicam em imaginários e modelos políticos.[1] Como afirma o próprio Agamben, "do primeiro paradigma derivam a filosofia política e a *teoria moderna de soberania*; do segundo, a biopolítica moderna até o atual *triunfo da economia e do governo* sobre qualquer outro aspecto da vida social" (2011, p. 13). Por meio da teologia, Agamben encontra a conexão entre dois polos da política moderna. Aqui já está a sua

---

1. É importante salientar, também, que as doutrinas — como a trinitária — foram construídas a partir de realidades históricas, em seus dilemas e tensões. Para compreender a formatação e resistência do cristianismo ao Império (seus credos, perspectivas e concílios), veja o texto de Joerg Rieger: *Cristo e o Império: de Paulo aos tempos pós-coloniais*. São Paulo: Paulus, 2009.

relevância e novidade. O seu estudo, segundo Rodrigo Bolton, tem a sua centralidade em quatro pontos significativos:

1. Evidenciar que a doutrina cristã de providência foi constituída como uma estratégia para articular a dicotomia entre *ser* e *práxis*, herdada de Aristóteles;

2. Mostrar que a "máquina providencial" da trindade — como "antessala da máquina governamental dos modernos" — torna possível a combinação entre reino (soberania) e governo;

3. Dessubstancializar o poder — numa linha *foucaultiana* — e mostrar, como já indiquei, que o seu centro é o "trono vazio", escondido pelas dinâmicas de "glorificação"; e

4. Indicar que a oikonomia da modernidade configura as democracias liberais como verdadeiras "democracias gloriosas", emancipando o dispositivo espetacular para toda a vida social (BOLTON, 2017, p. 20).

O debate feito por Agamben coloca em tensão dois autores importantes, C. Schmitt e Erik Peterson, que dialogaram em textos de 1935 a 1970. Os dois procuram — em uma similaridade — "fundamentar na fé cristã uma política" (2011, p. 28). Essa leitura é organizada com o horizonte escatológico do reino de Deus, com a esperada volta de Cristo. No entanto, aqui há uma das principais diferenças entre eles:

os autores divergem entre si sobre qual o motivo que atrasa, de fato, a parusia de Cristo, o *katechon*. Para Schmitt, o que impede o retorno de Cristo é a existência de um império cristão: a realização política da fé cristã, na forma de império cristão, é o *katechon* que retrasa o fim dos tempos. Peterson, diferentemente, entende que o katechon que impede a segunda volta de Cristo é a falta de conversão dos judeus. Para Peterson, a conversão dos judeus será o passo final antes da *parusia*. Esse retraso (*katechon*) justifica a existência da Igreja, a qual, na volta de Cristo, desaparecerá por não ser mais necessária (RUIZ, 2014, p. 193).

Daí decorrem duas perspectivas. De um lado, para Schmitt, temos que a teologia política fundamenta a política em seu sentido mundano; do outro, Peterson aponta o problema de uma "teologia política" guiada por um monoteísmo e resgata o "agir político" cristão centrado na "liturgia" como práxis pública, em que a teologia cristã não se guia pela política, mas pela *oikonomia*, uma economia de salvação (AGAMBEN, 2011, pp. 28–29). Junto a essa leitura, temos a seguinte tese de Peterson: "o culto da Igreja celestial e, por isso, naturalmente também a liturgia da Igreja terrena, que se une à celestial, têm uma relação originária com o mundo político" (Citado em AGAMBEN, 2011, p. 162). Há um espelhamento entre o culto terreno e celestial — como em Agostinho e sua "Cidade de Deus" e "Cidade dos homens". Segundo Ruiz, na liturgia, "os anjos participam em primeira instância, mas a ekklesia também participa ativamente, politicamente, dessa relação cultual" (RUIZ, 2014, p. 197). Os anjos são símbolos da "burocracia" que garantem a relação entre a Igreja celeste e a Igreja terrena, numa dinâmica em que a política se realiza como liturgia política na "cidade celeste", eles são "os fiadores da relação originária entre a igreja e a esfera política, do caráter 'público' e 'político-religioso' do culto que se celebra tanto na *ekkèsia* quanto na cidade celeste" (AGAMBEN, 2011, p. 164). Há, aqui, entre esses dois paradigmas (Schmitt e Peterson), na divindade, uma "fratura entre ser e práxis". "O rei reina mas não governa", provoca Peterson. Assim, em sua teologia nasce a importância dos "anjos administradores" do mundo. No âmbito político, surge a urgência do governo centrado na *glória* e na aclamação (SEREJO, 2018, p. 217).

Esses dois paradigmas se sustentam numa articulação dentro de uma determinada teologia trinitária, nessa teologia feita como *bindade*, como define Roberto Esposito desde leituras de Ernst Kantorowisz. Explico. Boa parte dos diálogos sobre a trindade na teologia ocidental, na verdade, são guiados por uma "ênfase particular em Cristo e no pensamento cristológico, uma forma de cristomonismo que tem sido utilizada para justificar e legitimar imposições imperiais por parte do ocidente" (DICKINSON, 2017b, p. 6). A ênfase colocada está na relação entre *Pai* e *Filho*, com a finalidade de combater o arianismo. Esse binômio soberano tem a dificuldade de ser rompido, mesmo com a entrada do Espírito Santo como o terceiro termo. Agamben apresenta uma crítica a essa *bindade* que legitima poderes. No fundo, a sua interpretação estaria mais próxima daqueles expoentes "da teologia feminista, queer e outras teologias contextuais que articularam uma vasta crítica das formas opressoras heteronormativas e estritamente binárias de gênero e sexualidade" (DICKINSON, 2017b, p. 7).

Não é novidade, no campo da teologia, esse encobrimento do Espírito Santo e a construção da trindade como uma relação hegemônica entre *Pai* e *Filho*, a constituição de uma *bindade*. A intenção é política. Retomemos Niceia (325) e Calcedônia (451). No primeiro, temos a afirmação que "nós acreditamos em um Deus... e em um Senhor Jesus Cristo, o Filho de Deus, o único nascido do Pai, que é a substância do Pai, Deus de Deus, luz de luz, verdadeiro Deus do verdadeiro Deus, nascido e não feito, consubstancial (*homoousios*) com O Pai" (RIEGER, 2009, p. 53). Enquanto Ario afirmava uma hierarquia, Niceia afirmava uma igualdade entre *Pai* e *Filho*. Calcedônia, segundo Joerg Rieger, dá um passo além quando explica o termo *homoousios* não somente como o relacionamento entre "a primeira e a segunda pessoas da trindade, mas também no relacionamento entre a humanidade de Jesus e a nossa humanidade" (RIEGER, 2009, p. 53). Qual interesse político-teológico nessa articulação e formulação nos séculos quarto e quinto? Nas antigas teologias, uma palavra importante é *condescendência*. Aqui, tem-se uma compreensão que Deus teve "*condescendência* de se juntar aos seres humanos na pessoa de Cristo" (RIEGER, 2009, p. 55). Estamos no terreno do Império Romano. A coigualdade do imperador se desdobra dessas noções teológicas. O problema central da cristologia nesse período, segundo Peter Brown, é "combinar um sentimento de companheirismo com o exercício absoluto do poder" (RIEGER, 2009, p. 55). Aqui temos o ponto central. O problema é manter o poder absoluto do Imperador "autocrata divinizado" junto à irmandade da "carne humana" entre o imperador e seus outros "homens santos", "por que o próprio Cristo havia se rendido, para se tornar um homem semelhante àqueles que ele governava" (RIEGER, 2009, p. 56). Finalmente, diz Rieger, "o tipo de 'rendição' no caso do imperador é realmente uma questão de condescendência e o fluir do poder de cima para baixo não é questionado" (RIEGER, 2009, p. 56).

Essa retomada nos ajuda a pensar na origem dessa bindade, depois, na inclusão desse terceiro termo — o espírito. Mas, apenas como um aporte interpretativo, cabe fazer um outro exercício em relação à *homoousios*. Rieger encontrará uma possibilidade de resistência dentro dos discursos dos concílios de Niceia e Calcedônia. Nem tudo foi capturado. Qual *novo uso* potente e possível para essa bindade?

Afirmar a coigualdade divina e colocar Jesus no mesmo nível que Deus desafiava tanto a unidade quanto a santidade de Deus. De maneira absoluta, tal Deus não seria mais separado da desordem do mundo. Além disso, colocar Jesus no mesmo nível de Deus introduz a latente ameaça de desafiar a impassibilidade e a imutabilidade de Deus e uma erosão do poder unilateral de cima para baixo (RIEGER, 2009, p. 70).

Essa coigualdade também pode ser potente. É como se dentro dela encontrássemos o seu elemento "anárquico", o *vazio* que pode ser destituinte. Esse vazio é encoberto pela glória, que, como uma fumaça, deixa nebulosa a relação entre soberania e governamentalidade, entre o *ser* e a *práxis* de Deus, entre a trindade política e a trindade econômica. Mais especificamente, o problema é a relação entre reino e governo, articulada como um único mecanismo político-teológico. Assim, o "governo glorifica o reino e o reino glorifica o governo [...]. E a glória nada mais é que o esplendor que emana desse vazio, o *kabod* inesgotável que revela e, ao mesmo tempo, vela a vacuidade central da máquina" (AGAMBEN, 2011, p. 231).

Essas reflexões sobre a glória evidenciam uma crítica que Agamben fará às tentativas de "transferir o puro poder e dominação que a glória procura mascarar e manter para dentro da esfera do estético" (DICKINSON, 2017b, p. 5). O que, segundo ele, é presente na estética teológica de Karl Barth e Hans Urs von Balthasar. Como escreve o próprio Agamben, "a tentativa de excluir a própria possibilidade de uma 'teologia política' cristã, para fundar na glória a única dimensão política legítima da cristandade, confina perigosamente com a liturgia totalitária" (2011, p. 213). Qual é a questão aqui? Comecemos pela leitura de Balthasar. Para ele, a glória é assumida em termos de uma estética — embora o termo hebraico para ela seja *kabod* e tenha relação com o "senhorio" e a "soberania". Aqui provoca Agamben, com relação à tentativa de "estetizar a glória", retirando-a de sua origem política: "nós nos atentaremos a uma leitura da glória que nunca esqueça o contexto a que ela pertence desde o início" (AGAMBEN, 2011, p. 218). E acrescenta: "na Bíblia, jamais se fala de *kabod* e de *doxa* [glória] em sentido estético: eles têm a ver com a aparição terrível de YHWH, com o reino, o juízo, o trono" (AGAMBEN, 2011, p. 218). O risco aqui é uma "liturgia totalitária". Veja, por exemplo, o relato sobre o ministério da educação fascista, que em 1929 incluiu as *laudes regiae* em uma coletânea oficial de "cantos patrióticos", em que a aclamação vital do texto estava escrito desse modo: "Paz, vida e saúde perpétua ao nosso rei Vitório, felizmente reinante por graça de Deus. Paz, vida e saúde perpétua ao *duce* Benito Mussolini da glória do povo italiano" (AGAMBEN, 2011, p. 212). A glória e a beleza, aqui, são identificadas com a soberania e — como aponta Walter Benjamin — com um projeto de "estetização da política".

K. Barth, por exemplo, busca evitar qualquer equiparação entre Deus e as formas políticas e religiosas. A sua saída sustenta-se na soberania de Deus como "negação última de uma realidade política" (DICKINSON, 2017b, p. 5). Como sabemos, Balthasar assume e desdobra, de um modo distinto, as reflexões sobre a glória desenvolvidas por Barth. Para ele, a glória se refere "à liberdade, à majestade e à soberania de Deus", e por meio dela Deus "faz uso de sua onipotência e exerce seu domínio [*herrschaft*]" (Citado em AGAMBEN, 2011, p. 232). Se a glória é sinal de sua distância como "totalmente outro", a sua esfera "imediatamente próxima" é a da beleza. Aqui, como em Balthasar, há uma transferência dos termos técnicos da soberania política e do governo para o âmbito da estética (AGAMBEN, 2011, p. 232). Assim, essa saída estética cobre e enobrece — em uma neutralização da glória e da soberania de Deus como onipotência — "o que é, em si, pura força e domínio" (2011, p. 232). Desdobrando essa leitura, desde Barth, Agamben diz: "se a criatura é essencialmente glorificação da glória, glória que a glória divina tributa a si mesma, torna-se evidente por que a vida da criatura alcança seu ápice na obediência" (AGAMBEN, 2011, p. 236). O lugar em que estamos "cercados pela glória de Deus e dela participamos" — para Barth — é a Igreja. Agamben é enfático: "deveria estar claro a esta altura em que sentido a exclusão preliminar da teoria da glória de toda referência à esfera da política pode nos desviar do caminho" (2011, p. 236). A redução da criatura ao glorificante se relaciona com a redução — no Estado — do sujeito ao súdito. Aqui, como em Bizâncio ou na Alemanha de 1930, "a dignidade mais elevada e a máxima liberdade consistem na glorificação do soberano" (2011, p. 236).

## A INOPEROSIDADE E O *HIATO* DAS MÁQUINAS

Como sabemos, o exercício de Agamben toma a pesquisa arqueológica como um método de estudo, algo que se aproxima profundamente de M. Foucault, mas ao mesmo tempo procura ser ampliada em um diálogo com outros marcos teóricos, como Nietzsche e Derrida. Arqueologia, como já indiquei, seria "a prática que, em toda investigação histórica, não se ocupa da origem, mas do ponto de insurgência do fenômeno", em que "a *arché* não deve ser entendida de nenhum modo como um dado que se possa situar em uma cronologia [...]. Ela é uma força que opera na história" (AGAMBEN, 2010, p. 90; 110). Desse modo, o método de nosso autor possibilita perceber e evidenciar as *assinaturas* (signos) que nos remetem para as suas próprias realidades escondidas. Os signos trazem em si marcas que revelam suas "origens", suas linhas de força que constituem o nosso presente, mas permanecem invisíveis e segmentadas na história.

Agamben, em *O reino e a glória*, faz uma genealogia do governo e da economia realizando um estudo sobre a liturgia, o poder e a glória. Como ele mesmo pergunta: "por que o poder precisa de glória? Se é essencialmente força e capacidade de ação e governo, por que assume a forma rígida, embaraçosa e 'gloriosa' das cerimônias, das aclamações, dos protocolos? Qual a relação entre economia e glória?" (2011, p. 10). Como vimos, é a *vida nua* — "uma vida que se pode matar sem cometer homicídio" — que funciona como "limiar da articulação entre *zoé* e *bios*, vida natural e vida politicamente qualificada" (2017, p. 295). Mas essa divisão não é exclusiva da vida. As cidades fundamentam-se nessa cisão da vida em vida natural e vida politicamente qualificada; o humano se fundamenta na exclusão-inclusão do animal; a lei se sustenta na própria exceção da anomia; o governo acontece na exclusão e ao mesmo tempo a captura, via a glória, da inoperosidade (AGAMBEN, 2017, p. 297). Em uma leitura binária, a retomada arqueológica poderia proporcionar um acirramento das polaridades para se efetivar a destruição do esquema excludente-includente das cidades, do humano, da lei e do governo. Mas não é esse o caminho. Para além de um resgate da origem perdida, evidenciar o *limiar* dessas cisões que constituem a *arché* pode resultar na desativação da máquina jurídico-política.

Como escreve Agamben retomando o seu livro *"O aberto"* (2002):

a máquina antropológica do ocidente havia sido definida pela divisão e articulação, no interior do homem, entre o humano e o animal. No final do livro, o projeto de uma desativação da máquina que governa nossa concepção do homem exigia não tanto buscar novas articulações entre o animal e o humano quanto, acima de tudo, expor o vazio central, o hiato que separa — no homem — o homem e o animal (AGAMBEN, 2017, p. 297).

Ocupar o "hiato" que separa a vida natural da vida politicamente qualificada, o humano do animal, a lei da anomia, a exclusão-inclusão da inoperosidade no governo, é o desafio que nos coloca Giorgio Agamben. Como escreve mais diretamente, "o problema ontológico-político fundamental hoje não é a obra, mas a inoperosidade, não é a complicada e incessante busca de nova operabilidade, mas a exibição do vazio incessante que a máquina da cultura ocidental conserva em seu centro" (AGAMBEN, 2017, p. 298). O inoperoso é fundamental nesse projeto — e também na leitura que faço dos acontecimentos de junho de 2013. Segundo Daniel Nascimento, é na obra *O reino e a glória* que, pela primeira vez, Agamben vai apresentar, numa "lucidez conceitual", a noção de inoperosidade. A "gênese" do conceito se dá em três passos: o primeiro, na tentativa de mostrar o paralelo entre a monarquia divina e a monarquia humana na compreensão do poder político; o segundo, na busca por evidenciar que a inoperosidade já está nos atributos próprios tanto da monarquia humana quanto da monarquia divina; e terceiro, que é necessário pensar em um novo modo de inoperosidade que nos auxilie na abertura de caminhos políticos (2014, pp. 16-17).

Pelas discussões elencadas anteriormente, fica evidente a relação entre a monarquia terrena e a monarquia divina, primeiro passo apresentado. A "máquina governamental" é uma ressignificação da "máquina providencial". No fundo, segundo Daniel Nascimento e de acordo com a análise feita por Agamben do tratado pseudoaristotélico *Sobre o mundo*, "a oposição binária entre essência (*ousía*) e potência (*dynamis*) constituem o paradigma da distinção entre ser e agir divinos (NASCIMENTO, 2014, p. 19). O princípio político-teológico é único, em um modo que gerencia a "casa-mundo", sendo ao mesmo tempo — em dois polos — reino e governo, norma transcendente e ordem imanente, mobilidade e imobilidade.

Desdobrando o primeiro passo sobre a inoperosidade lida por Agamben, vemos que o Estado — com referência na tradição cristã e na tradição judaica de algum modo — guarda, via a imagem e a necessidade da glória e dos rituais litúrgicos do poder, a memória de um Deus inoperoso. Como pergunta Daniel Nascimento: "O que é o sábado judaico senão a revelação da inoperosidade como a dimensão mais própria de Deus e dos homens que a ele se dirigem? O que é a vida eterna prometida pelos teólogos do cristianismo senão a cessão de toda atividade?" (NASCIMENTO, 2014, p. 23). Há no núcleo da monarquia divina e terrena a inoperosidade, uma busca por um fazer não produtivo. A característica "curiosa" é que essas mesmas "monarquias" são guiadas pela lógica produtiva. Quando pensamos no estado moderno, vemos em seu núcleo essa inclusão-exclusão da inoperosidade. É como se no centro do fazer estatal existisse a *festa* encoberta pela burocracia angelical e pela glória. Estamos, portanto, diante de um Estado bipolar que possui a própria *anarquia* dentro de todo poder. Desse modo, segundo Colby Dickinson, o projeto de Giorgio Agamben "não é antinomiano no sentido de tentar existir à parte da lei ou do Estado ou da governança" (2017, p. 18). Ao indicar que os dualismos que vimos até aqui (como o exemplo do *ser* e *práxis*), "são justamente o que legitima relações políticas de dominância e opressão" (DICKINSON, 2017a, p. 19), o desejo é romper essa lógica e "bindade", para encontrar "o não representável dentro de cada representação, o incognoscível dentro de tudo o pode ser conhecido, o não pensado dentro do próprio pensamento que, ainda assim, fundamenta o pensamento" (DICKINSON, 2017a, p. 19).

Em síntese, temos a seguinte formulação feita por Giorgio Agamben:

A oikonomia do poder põe firmemente em seu centro, na forma de festa e glória, aquilo que aparece diante dos seus olhos como a inoperosidade do homem e de Deus, inoperosidade que não se pode olhar. A vida humana é inoperosa e sem objetivo, mas é justamente essa *argia* e essa ausência de objetivo que tornam possível a operosidade incomparável da espécie humana. O homem se devotou à produção e ao trabalho, porque em sua essência é privado de obra, porque é por excelência um animal sabático. E assim como a máquina da oikonomia teológica só pode funcionar se inserir em seu centro um limiar doxológico em que trindade econômica e trindade imanente transitam litúrgica (ou seja, política) e incessantemente de uma para a outra, assim também o dispositivo governamental funciona porque capturou em seu centro vazio a inoperosidade da essência humana (AGAMBEN, 2011, p. 268).

## OS «DISPOSITIVOS ACLAMATÓRIOS»

Como vimos, o centro da máquina econômica, que a glória tenta encobrir com seus cânticos e cerimoniais, é esse vazio inoperoso (2011, p. 180). No entanto, como sinaliza Agamben, hoje os estados ainda possuem seus ritos e cerimônias, mas seguem em sua diminuição e transferências de alguns de seus símbolos para museus ou tesouros (2011, p. 276). Para compreender essa questão da glória e o vazio que busca encobrir, Agamben se aproxima das reflexões de Carl Schmitt. Primeiro, nosso filósofo resgata a relação entre as aclamações e o direito público indicando que "não há povo sem publicidade e não há publicidade sem povo" (Citado em 2011, p. 276). Ao dizer isso, Schmitt indica a relação indissociável na política moderna entre aclamação e democracia, entre aclamação e esfera pública. Sendo mais preciso, "nas democracias contemporâneas, a aclamação sobrevive [...] na esfera da opinião pública, e só partindo do vínculo constitutivo entre povo, aclamação e opinião pública é possível reintegrar em seus direitos o conceito de publicidade" (2011, p. 277).

Na democracia contemporânea, portanto, a opinião pública é a nova forma de aclamação. O Estado permanece necessitando da glória para existir, deslocando-a das grandes cerimônias, ritos e protocolos para a mídia (AGAMBEN, 2011, p. 278). De maneira hegemônica, podermos dizer que a democracia atual se caracteriza como uma "democracia liberal". Na leitura de Chantau Mouffe, uma sociedade democrática, na perspectiva do liberalismo, se mostra como uma "sociedade pacificada e harmoniosa onde as divergências básicas foram superadas e onde se estabeleceu um consenso imposto a partir de uma interpretação única dos valores comuns (2013, p. 11). Temos aqui uma *democracia do consenso*, só possível graças às aclamações atuais: a opinião pública. Aclamação presente em abordagens de C. Schmitt (como "glória imediata e subjetiva do povo") ou nas leituras de Habermas (como "glória midiática e objetiva da comunicação social") (AGAMBEN, 2011, p. 280). Temos, assim, esquemas aparentemente opostos — o "agir comunicativo" do último e a ideia de que "só o povo efetivamente reunido e presente é povo e produz a publicidade", do primeiro. Nos dois casos, diz Agamben, temos "duas faces do mesmo dispositivo glorioso em suas duas formas: a glória imediata e subjetiva do povo aclamante e a glória midiática e objetiva da comunicação social" (AGAMBEN, 2011, p. 280). Em síntese, a opinião pública acontece nos entrelaçamentos e separações entre o "povo-nação" e o "povo-comunicação", uma opinião que é glória e doxologia (AGAMBEN, 2011, p. 282).

Fabián Ludueña aprofunda essa interpretação que faço de Agamben. Para ele, "a liturgia se constituirá exatamente em um instrumento privilegiado para introduzir uma dinâmica politizadora, no seio de uma multidão, para conferir-lhe caráter político" (LUDUEÑA, 2017, p. 62). A glória se relaciona com o *governo de consenso*. No entanto, é preciso complexar essa vinculação entre "democracia gloriosa" e os meios de comunicação, compreender os novos e velhos ritos políticos e os seus significados "antropotécnicos" (LUDUEÑA, 2017, p. 63). As aclamações nos atuais sistemas democráticos são uma combinação que vai desde as "formas de reconhecimento público tradicionais com multidões presentes até a desmaterialização completa da presença do organismo público e sua translação *in toto* às esferas dos mundos digitais" (2017, p. 62). Estamos diante de "ecossistemas cibernéticos" e de suas combinações com modos de aclamações mais próximas de uma "política tradicional". São novas formas, bricoladas, de exercício de liturgia e constituição de consensos. Em junho de 2013 encontramos — de maneira significativa — o uso desses "ecossistemas cibernéticos". Mas não podemos compreender as redes isoladamente. Elas são um "agenciamento: humano/máquina, redes 'concretas'/rede 'virtual'; não a ferramenta em si, como se ela fosse dotada de poderes mágicos e autônomos, mas dos significados e subversões promovidos pelos ativistas" (MORAES, 2014, p. 19). Na mesma linha segue Rodrigo Bolton, que, ao estudar as Primaveras Árabes, indica essas revoltas como uma experiência de "libertação da imaginação política de entraves espetaculares. Não guarda relação com a presença ou não das famosas e fetichizadas 'redes sociais' " (BOLTON, 2017, p. 27). O ponto latente é que essas mobilizações "ineficientes" foram uma "aposta de uma espécie de *potência destituinte* que foi capaz de dar *novo uso* para as imagens que tinham sido capturadas pelos respectivos 'marcos de guerra' do espetáculo midiático" (2017, p. 27). Junho também foi desse modo.

Em especial, me interesso por um cartaz segurado por uma mulher negra. Em seu rosto, o símbolo das caras pintadas de 1992.

Os "dispositivos aclamatórios" do Estado são centrais na democracia e suas representações, em que se tenta "governar a totalidade micro e macrofísica da vida social nas sociedades neoliberais, produzindo o 'consenso' como um dispositivo de governo" (BOLTON, 2017, p. 27). Há, aqui, uma *separação*. Quem decide os rumos da política? Desde a *teologia trinitária* estudada por Giorgio Agamben, encontramos uma "máquina governamental" que parece englobar tudo. O papel esperado, na dinâmica da civilidade, é a obediência e atuação política dentro dos espaços estabelecidos e construídos de participação social. O símbolo do cartaz — o poder legislativo — é o espaço da distância. Quando estava no Conselho Nacional de Juventude, me lembro das dificuldades e "protocolos" para chegar em

Cartaz em Timóteo, 21 de junho de 2013.
Foto: Lucas Gonçalves.

cada um desses espaços. Roupa adequada. Terno. Gravata. Cuidado com o barulho. Trajetos sem muita aglomeração. Corpos revistados. Mochilas sempre abertas. Tudo feito para não entrar, para não habitar o espaço do "povo". Também me lembro da primeira vez que fui ao Palácio do Planalto. Era uma reunião com a presidenta Dilma Rousseff (PT), em 10 de abril de 2014. O contexto: o encontro da presidenta com organizações ligadas à Jornada de Lutas da Juventude. Esse momento seguia a linha das reuniões realizadas em 2013. Uma com a própria Jornada de Lutas, em 04 de abril de 2013; e outra com o Movimento Passe Livre — MPL, em 24 de junho de 2013.

Não quero dar ênfase sobre as pautas discutidas no encontro. Quero resgatar a "glória" da democracia que ali vivenciei. As pessoas que representavam as entidades chegaram, em Brasília, um dia antes. Eu estava lá pela Rede Ecumênica da Juventude (REJU). A chegada antes do dia marcado era para se acertar as pautas e as pessoas que falariam no encontro com a presidenta. Majoritariamente, tínhamos ali organizações mais "tradicionais" diante de junho de 2013. Quem fala diante da autoridade? O que diz? Como diz? Há fissuras importantes nas dinâmicas e protocolos estatais. Mas no centro: estávamos reunidos para ordenar a atuação no dia seguinte — mediados pela Secretaria Nacional de Juventude, um "braço" da Secretaria-Geral da Presidência. Acordos estabelecidos, nomes escolhidos, pautas delimitadas. Chega o dia.

Na noite, só pensava que encontraria a presidenta da República e que precisava — informalmente — dizer algumas palavras sobre a importância do Estado laico. Seguimos o protocolo da Presidência. Havia um número estabelecido e permitido para se pronunciar. Seguimos alguns critérios. Ao chegar no local, seguranças, credenciamentos, novos protocolos. Caminhamos pelos espaços daquele prédio. Algumas fotos. Estávamos ali no Palácio. O próprio nome já carrega a sua "glória". Todos em uma sala de reunião — sem celulares. A mesa já trazia os lugares com os nomes de cada pessoa. Tudo já estava definido. Eu me sentaria próximo a Dilma. Antes, algumas conversas entre os "representantes da juventude" — a reunião tinha esse caráter. Depois: silêncio. Anunciaram: a presidenta está vindo. Todos nós a sua espera. Um certo calafrio. Talvez até medo diante dessa "liturgia" estatal. Ela — sabemos bem — produz efeitos de subjetivação. Uma *captura* na identidade de "cidadão"? Abre-se uma porta lateral. De lá saem alguns representantes da Secretaria-Geral. Por último, como em uma encenação com um fim esperado e aclamado, aparece a presidenta. Ela abraça e beija cada um. Quer saber o nosso nome e a nossa entidade. Só consegui dizer meu nome. Lembro que olhei bem em seu rosto. A reunião acontece sem muitas surpresas — apenas um ou outro comentário de um participante que não estava bem ensaiado no acordo do dia anterior. Nada tão fora do jogo. No fim, algumas fotos e conversas informais. Parece que se desmontou o protocolo. Quando ela voltava para aquela mesma porta por onde entrou, eu e uma amiga pedimos para tirarmos uma foto. Ela sorri e aceita. Na mesma hora já aparece outra pessoa pedindo a mesma coisa: "Posso tirar uma foto?".

Eu me encontrei com Dilma outras vezes. Cito duas: uma na campanha eleitoral de 2014, no Alvorada (07 de setembro); e outra na 3ª Conferência Nacional de Juventude, no Estádio Mané Garrincha (09 de dezembro de 2015). Nessa última, com mais espaço de diálogo e interação. Mas o protocolo e as regras nunca abandonaram nenhum desses momentos. A "democracia gloriosa" não se organiza também na manutenção desses espaços e distâncias, nessas lógicas de aclamação? A "máquina governamental" — para esconder o seu *vazio*, seu *nada* — produz sinais imaginários de poder: "elogios, adoração, despesas enormes em ornamentos, formas de culto, canções ou hinos podem ser parte de uma complexa trama gloriosa" (BOLTON, 2017, p. 19). Aqui está a potência da grafia que escolhi. Junho coloca em questão o *vazio*. No fundo, encontramos um *nada* no dito "poder". Se o poder "não é uma substância, mas uma relação e, como tal, não pode funcionar senão como formas muito precisas de glorificação. Se a máquina exibe o trono vazio que a glorificação tenta ocultar, ela é desativada" (BOLTON, 2017, p. 19). "É nosso, vamos entrar?" nos coloca diante do vazio do símbolo. Quem nos governa? Por isso, concordo com Paulo Arantes quando ele afirma que Junho foi sobre: "como somos governados, como nos governamos e como agora não queremos mais saber disso" (ARANTES, 2014, p. 453). Isso é tão teológico! Sobre uma crítica à obediência — e diria governança do cidadão esperado —, dentro dos estudos de *teologia política*, vale resgatar Dorothee Sölle (1971). A chave na leitura de Sölle é a crítica à ideia de obediência como máxima virtude da vida cristã. O motivo para estas suspeitas está na realidade da Segunda Guerra Mundial e o ideal de obediência que estruturava o projeto alemão do "Terceiro Reich". O problema está posto: como tomar a obediência como uma virtude quando os seus efeitos concretos, sua vivência histórica, trazem rastros de assassinato, como o holocausto dos judeus pelo nazismo? A relação de obediência — que pode ser exemplificada na interação familiar entre pai e filho — baseia-se numa relação desigual e injusta, para além de uma perspectiva não-hierárquica, igualitária. Como ela escreve: "baixou a ditadura das normas e os esquemas pré-estabelecidos, a sensibilidade da consciência murcha como a planta sem água; inclusive os mais sóbrios cactos não poderiam resistir séculos de semelhante tratamento" (SÖLLE, 1971, p. 17). Há, portanto, na perspectiva tradicional de obediência, uma relação guiada por um abismo de autoridade que aponta o limite da própria compreensão de liberdade cristã e os seus desdobramentos na vivência ética e possibilita importantes reflexões sobre o fazer político. Por que continuar em lógicas de construção de consenso e na "adoração" a qualquer imaginário de deus — como o Estado, o capital ou a *trindade*? A grafia abaixo — do Rio de Janeiro — é emblemática em relação a isso.

"Quem manda agora?", "O povo se uniu", "Brasil é nosso". Rua e paredes ocupadas. Corpos sem nome. Rostos tapados. Testemunham a sua *dessubjetivação* diante de uma "máquina governamental" — e letal — que a tudo quer tomar? Se, conforme Bolton, na praça *Tahrir* "a liturgia do regime experimentou sua implosão e o povo egípcio voltou a dar uso às suas imagens, longe de suas formas aclamatórias" (2017, p. 28); em Junho encontramos a rua como o espaço da reinvenção e do desbloqueio de imaginações e novos usos dos símbolos e sinais. Junho, se quisermos seguir uma gramática de Agamben, pode liberar o *impensado*. Queima-se a catraca, o posto da polícia. Evidencia-se a *inoperosidade*, a *anarquia* de todo poder. Não desde a eficiência político-estratégica. Não há programa de cima para baixo, com um futuro organizado e já estruturado. Da-

Pichação no Rio de Janeiro, 17 de junho de 2013.
Foto: Marcelo Valle.

niel Nascimento nos ajuda a pensar sobre isso. A "inoperosidade não é algo inerte", diz ele. Por isso, "o que nela é desativado não é a potência em si, que permanece, mas a finalidade e a modalidade do exercício da potência. O que nela é desorientado é o uso mais óbvio. E um novo uso possível" (2014, p. 25). Estamos no terreno do novo *uso*. O óbvio e esperado coloca Junho, por exemplo, diante dos caminhos políticos institucionais de uma democracia participativa e representativa que entra em colapso. Fazer dos corpos na rua "sujeitos de direito" na "administração dos bens públicos" e em uma "participação administrativa"? Diante dos lugares construídos como espaços para escuta do povo pelo estado, uma grafia:

Pichação em São Paulo, 12 de junho de 2013.
Foto: Raphael Tsavkko Garcia.

"Estamos em todas as partes". O corpo vaza. A potência é intensidade que pode nos colocar para além da *bindade* governamental que a tudo deseja controlar. Inclusive a potência como possibilidade de criar o impensado. A glória de uma divindade é desvelada. Toca-se no "sagrado". As reações às vezes são sutis. Daniel Nascimento traz uma boa lembrança de junho. O principal resultado na semana do dia 17, com marcas fortes de insatisfação com a representatividade do sistema político em todas as ruas, foi "uma maratona de trabalho sem precedentes no Congresso Nacional" (2014, p. 104). Como ele afirma, de maneira correta, "as instituições do nosso tempo procuram resolver a crise de legitimidade com a acentuação da legalidade" (2014, p. 104). O exemplo sobre Junho é a própria aprovação do Estatuto da Juventude pelo Congresso e a sanção feita pela presidenta Dilma (5 de agosto de 2013). Muitos integrantes do CONJUVE defendiam que esse "marco legal" engavetado por quase dez anos só foi possível devido às ruas de Junho. Quase como se no pedido de *"mais"* viesse junto a urgência de mais legalidade como símbolo de mais direitos. Não duvido que Junho tenha movido essas instâncias. O problema é a interpretação feita pelos poderes executivo e legislativo e por parte da sociedade civil, como se o Estado tivesse compreendido Junho e tivesse dado uma resposta à altura aos clamores da rua. No fundo, esses "poderes" não compreenderam que, para além do princípio da legalidade, vivemos uma "crise de legitimidade do poder, crise de fundação, crise que não pode ser resolvida apenas no campo do direito" (NASCIMENTO, 2014, p. 104).

Aqui aparece um elemento importante: o *desejo*. Sueli Rolnik, por exemplo, defende que a nova estratégia política do capitalismo (financeirizado, neoliberal e globalizado) não é mais a tomada do poder por meio da força militar, como aconteceu nas décadas de 1960, 70 e 80, mas sim a tomada da "força do desejo — ou seja a força vital que move a existência individual e coletiva" (ROLNIK, 2016, p. 3). Estamos aqui diante de uma estratégia "micropolítica" do poder relacionada com práticas "macropolíticas" (como a atuação do Estado-capital). Tomar o desejo é tomar a possibilidade de imaginar e sonhar iniciativas de resistência para além dos espaços e projetos estabelecidos — com toda *glória*. Como desbloquear o desejo capturado pelo Estado-capital? Como, diante do desenvolvimento de um "fascismo generalizado" — como dizia G. Deleuze —, pode-se "montar uma máquina revolucionária capaz de se fazer cargo do desejo e dos fenômenos de desejo"? (DELEUZE, 2013, p. 29).

Se vincularmos essas interpretações ao pensamento de Giorgio Agamben, podemos resgatar o conceito de "forma-de-vida", uma vida que "jamais é possível isolar uma vida nua". Uma vida não capturada pelo *bando* e pela exceção. Assim, a vida humana — em sua singularidade — não é meramente um *fato*, "mas sempre e primeiramente *possibilidade* de vida, sempre e primeiramente potência" (AGAMBEN, 2015, p. 14). Se nesse capítulo, desde Junho, busquei apresentar o desvelamento da "máquina governamental" — numa *bindade* ressignificada — e escancarar o vazio do Estado como sua inoperosidade "encoberta" pela glória; nos próximos, quero aprofundar a procura pelos rastros *destituintes* de Junho e por essas possibilidades de "modos de vida" desde alianças de corpos e de reinvenções de um "agir político".

# A potência destituinte e as paixões ingovernáveis

### JUNHO E O «PODER CONSTITUINTE»

O conceito de inoperosidade, apresentado no capítulo anterior, relaciona-se com a *potência destituinte*. Nas duas noções, existe a capacidade de desativar e tornar algo inoperoso. Ou, melhor: ambas são "um poder, uma função, uma operação humana", que não destroem simplesmente aquilo que profana/descria, mas exercem sua atividade "libertando as potencialidades que nele haviam ficado não atuadas a fim de permitir, dessa maneira, um uso diferente" (AGAMBEN, 2017, p. 305).

Se a tarefa é dar um novo uso, *como fazer* isso? Como já indiquei, uma resposta direta seria evidenciar o *hiato* do governo, em uma ação que se realiza na exposição da anarquia do poder. Como escreve Agamben, "a anarquia é o que se torna pensável unicamente no momento em que captamos e destituímos a anarquia do poder" (2017, p. 307). Profanar, deixar inoperoso, sem deixar-se cooptar e neutralizar. Aqui está uma importante distinção. Nos acontecimentos de Junho, algumas análises foram feitas desde o paradigma do "poder constituído" e do "poder constituinte". Podemos encontrar essa leitura, por exemplo, nas reflexões de Bruno Cava, em seu livro *A multidão foi ao deserto: as manifestações no Brasil em 2013 (jun-out)* (2013), escrito no calor dos atos de rua. Para ele, os manifestantes seguiram nos acontecimentos não a serviço de uma "Ideologia, Causa ou Teoria transcendente ao movimento, mas construindo sua própria práxis no deserto de um êxodo radical" (CAVA, 2013, p. 23). Em outro trecho do livro, Cava indica que o problema do transporte — o estopim das manifestações — não é se ele é público ou privado, "como estas também não são suas soluções. Nem ser mal gerido. O problema é e sempre foi a falta de democracia" (CAVA, 2013, p. 26). E para ele, democracia significa, inexoravelmente, tumulto. "O tumulto é o pulmão das democracias. É nele que atua o poder constituinte, o que faz a constituição e a lei não serem apenas folhas de papel para a exegese das faculdades de direito" (CAVA, 2013, p. 26). No último ensaio do livro, o texto "o poder constituinte contra todos os estados" (27 de outubro de 2013). Ele afirma: como em Junho, "poucas vezes o estado e o direito estatal exprimiram tanto o antidireito, a ilegitimidade de suas histerias, neuroses, paranoias institucionais e violência de classe" (CAVA, 2013, p. 135). Por isso, dirá Bruno Cava: Junho "não se trata de uma luta do estado de direito x estado de exceção. Trata-se, isso sim, do poder constituinte contra todos os estados" (CAVA, 2013, p. 135). Essa leitura não é isolada.

O texto *Amanhã vai ser maior: o levante da multidão no ano que não terminou* (2014), organizado por Bruno Cava e Giuseppe Cocco, traz várias leituras articuladas pelo conceito do "poder constituinte". Interessa-me, aqui, a noção de *multidão* — tão importante para Antonio Negri e Michael Hardt. Na apresentação do livro, Hardt afirma que Junho acontece na forma multidão. E isso significa dizer que "em vez de dirigidas pelo partido ou uma direção centralizada ou mesmo um comitê de liderança acima das massas, — os movimentos foram auto-organizados, conectados horizontalmente pelo território social" (HARDT, 2014, p. 7). Os movimentos procuram não ser homogêneos e unificados, com a abertura para se evidenciar — como ele diz — "suas diferenças e antagonismos internos — e apesar de (ou por causa de) suas diferenças, descobriram maneiras de compartilhamento e cooperação, gerando uma série de demandas e perspectivas agrupadas na luta" (HARDT, 2014, p. 7). Toda essa mobilização no Brasil, ou na Turquia, Espanha e outros cantos desde 2011, deseja a construção de uma "democracia real". Há nesses acontecimentos a procura "da constituição do comum — uma afirmação, especialmente, de tornar comum a metrópole ela própria" (HARDT, 2014, p. 8). Essas revoltas da multidão, ainda, "revelaram o poder de uma força de trabalho emergente". Essa população jovem, em especial, é mais frequentemente "empregada no mundo do trabalho de maneira precária" (HARDT, 2014, pp. 8-9). Segundo Hardt, essas duas condições — "capacidades produtivas da multidão e desejo generalizado de fazer o espaço metropolitano comum — dão dicas dos poderes, consistência e durabilidade com que podemos definir o desdobramento das lutas presentes" (HARDT, 2014, p. 9).

Dessa impressão, se desdobra o seguinte problema: "Como os movimentos atuais, organizados na forma da multidão, vão se tornar duradouros e efetivos contra os poderes dominantes?" (HARDT, 2014, p. 9). Para responder a essa questão, Hardt se aproxima de Mario Tronti, que — no começo da década de 60 — procura compreender e pensar saídas e continuidades para o movimento de trabalhadores industriais da Itália, com suas lutas emergentes. A leitura de Tronti apresenta duas proposições. A primeira é que "*a resistência é primeira em relação ao poder* e, especificamente, que as revoltas da classe trabalhadora precedem e prefiguram os desenvolvimentos subsequentes do capital" (HARDT, 2014, p. 9). Já a sua segunda proposição nos coloca diante do debate sobre *tática* e *estratégia*. Na política moderna, incluindo a tradição comunista, coloca-se a "organização política numa dialética entre a espontaneidade das massas e a direção dos líderes". Enquanto os movimentos assumem as pautas parciais e a tática, os líderes assumem as pautas gerais e a estratégia. Desde Tronti, Hardt sugere a inversão dessa lógica (movimentos = estratégia e líderes = tática). Desse modo, de um lado temos a "reivindicação das capacidades estratégicas coerentes dos movimentos para abordar efetivamente assuntos gerais políticos e sociais"; e do outro lado, "a proposta de usar (e descartar) as estruturas de liderança segundo as necessidades presentes e cambiantes da luta" (HARDT, 2014, p. 10). Parece, segundo Hardt, que os movimentos, como o que acontece em Junho, cumprem a primeira proposição. A dificuldade está nas lideranças *táticas*, provisórias, como "contrapoderes potentes" e uma subordinação ao "controle democrático e à vontade dos movimentos". O "sotaque" dessas proposições e das leituras de Michael Hardt nos colocam na tensão entre "poder constituinte" e "poder constituído", em um modo de organização criativo e duradouro.

Giuseppe Cocco — no mesmo livro — apresenta que "a mudança só vem mesmo do poder constituinte, da renovação ativa da relação da lei com sua fonte: a voz viva do povo" (COCCO, 2014, p. 21). Cocco constrói uma posição entre a "força da Lei" e a "Lei da Força". Essa precisa ser substituída por aquela, mediante a "voz viva do povo". O problema é que "No Brasil, a Lei é — imediatamente — Lei da força e a Justiça é – abertamente — uma 'injustiça': a Lei da Casa Grande aplicada pelo capitão do mato dentro da senzala" (COCCO, 2014, p. 21). A saída? Compreender que a democracia se sustenta na limitação do poder do Estado soberano e na ampliação dos poderes da "multidão" — "multiplicidade de singularidades que — cooperando entre si — se mantém tais, ou seja, radicalmente e horizontalmente democráticas" (COCCO, 2014, p. 24). Diante da "Lei da força", a desobediência "constituinte". A referência é o teólogo e pastor protestante alemão Dietrich Bonhoeffer. Desde interpretações desse autor, Cocco sintetiza que "A base da liberdade e da paz não é a Lei, mas o direito; não a obediência mas a desobediência" (COCCO, 2014, p. 24). Há, nessa leitura, um elogio ao aparato jurídico-político da lei como um fundamento da liberdade e da paz; e a desobediência como saída para se enfrentar as realidades que podem nos transformar em "homem-massa", cumpridores de ordens como Eichmann.

Antonio Negri busca realizar uma "genealogia do poder constituinte", interpretando-o como um "conceito de uma crise" e com o desejo de "identificar melhor suas características críticas, seu conteúdo negativo, sua essência irresolúvel" (NEGRI, 2015, p. 2 e 13). Especificamente, o paradigma do poder constituinte

é aquele de uma força que irrompe, quebra, interrompe, desfaz todo o equilíbrio preexistente e toda continuidade possível. O poder constituinte está ligado à ideia de democracia, concebida como poder absoluto. Portanto, o conceito de poder constituinte compreendido como força que irrompe e se faz expansiva, é um conceito ligado à pré-constituição da totalidade democrática. Pré-formadora e imaginária, essa dimensão entra em choque com o constitucionalismo de maneira direta, forte e duradoura. [Uma] luta mortal entre democracia e constitucionalismo, entre o poder constituinte e as teorias e práticas dos limites da democracia (NEGRI, 2015, p. 11).

Nesse movimento, o "poder constituinte" se mostra como aquele capaz de romper e desfazer marcos (como a lei), para refazê-los e recriá-los de outros modos. Como "expressão principal da revolução democrática", como diz Negri, esse poder é um elemento de tensão com o "poder constituído". O "poder constituinte", nessa leitura, é o paradigma da política. Como escreve Negri mais uma vez: porque "o seu processo é metafisicamente qualificado pela necessidade. Não há outro modo de existência da política [...]. O poder constituinte atende às condições de definição da política porque dela interpreta a determinação criadora e cooperativa" (NEGRI, 2015, p. 346). Aqui está um ponto que me interessa nesse livro: a política moderna parece se organizar, em sua lógica, a partir desse paradigma estudado por Antonio Negri.

## A «POTÊNCIA DO NÃO» E A ÉTICA DO «DEVER SER»
### A QUESTÃO DO *OFÍCIO*

Ao pensar a relação entre "potência destituinte" com o "poder constituído" e "poder constituinte", Agamben — em *O uso dos corpos* (2014) — diz: "constituinte é a figura do poder em que uma potência destituinte é capturada e neutralizada a fim de assegurar que ela não possa voltar-se contra o poder ou a ordem jurídica como tal, apenas contra determinada figura histórica sua" (2017, p. 299).[1] Por isso a

---

1. É importante salientar que, embora as reflexões de Negri e Agamben estejam em perspectivas distintas, há algum diálogo entre suas leituras. Rodrigo Bolton afirma, colocando em tensão Hegel e Espinosa, uma certa aproximação entre esses dois autores italianos a partir de uma ontologia positiva. Escreve Bolton: "Hegel ou Spinoza? A arqueologia do poder detido por Agamben inscreve seu reflexo dentro de uma das tensões mais fundamentais da filosofia moderna e contemporânea — o que o sugestivo título do livro de Pierre Macherey, *Hegel ou Espinoza* (2006), ilustra em detalhes. Ou pensamos uma vida como o desdobramento de um sujeito no movimento dialético de mediação e negatividade (seria a alternativa hegeliana), ou a vida em sua imanência absoluta, onde o "ser" da vida concorda plenamente com seus "modos de ser" (será a alternativa espinosista ou, como diz Agamben, Averroísta). Autores como Laclau, Zizek, Badiou parecem estar localizados no horizonte hegeliano da negatividade (que se aproxima de um discurso lacaniano); autores como Esposito, Negri ou Agamben teriam assumido o lado Espinozista.

centralidade do sábado e do tempo messiânico na busca da *política que vem,* numa atividade para além do mundo da *obra* e do *trabalho,* espaços em que o desejo e a imaginação podem ser capturados. Em síntese, pode-se chamar de destituinte

> uma potência capaz de abandonar toda vez as relações teológico-políticas para que apareça entre seus elementos um contato (no sentido de Colli). O contato não é um ponto de tangência nem um *quid* ou uma substância em que os dois elementos se comunicam: ele é definido unicamente por uma ausência de representação, só por uma cesura. Onde uma relação é destituída e interrompida, seus elementos estarão em contato, pois é mostrada entre eles a ausência de qualquer relação. Assim, no momento em que uma potência destituinte exibe a nulidade do vínculo que tinha a pretensão de mantê-los juntos, vida nua e poder soberano, anomia e *nomos,* poder constituinte e poder constituído se mostram em contato sem relação nenhuma; por isso mesmo, o que havia sido cindido de si e capturado na exceção — a vida, a anomia, a potência anárquica — agora aparece em sua forma livre e não provada (AGAMBEN, 2017, pp. 304-305).

A destituição abre o *vazio* como possibilidade de toda possibilidade. Evidenciar o contato — como na "máquina governamental" — é um exercício provisório para se desvelar o funcionamento das antinomias, mas é preciso liberar a "vida", a "anomia", a "potência anárquica" da captura dos dispositivos. Se Giuseppe Cocco, por exemplo, ainda se sustenta nos paradigmas do direito e da lei, mesmo que como "força da lei", aqui — na potência destituinte — estamos para além das *bindades.* Tocar o *vazio,* mostrar a sua inoperosidade capturada, é — a meu ver — um exercício de Junho. E, como sabemos, a inoperosidade nos abre para a possibilidade de modos de viver (*ethos*). Por isso, diretamente, na "ética não há lugar para o arrependimento, por isso a única experiência ética […] é ser a (própria) potência, existir a (própria) possibilidade; isto é, expor em toda forma a própria amorfia e em todo ato, a própria inatualidade" (AGAMBEN, 2013, p. 46). Aqui, eticamente, para além dos destinos

---

A questão aqui seria: pode-se considerar uma subjetividade capaz de desativar o mecanismo governamental que estrutura o capitalismo contemporâneo à luz de uma ontologia negativa (Hegel) ou de uma ontologia imediatamente positiva (Espinoza)?" (BOLTON, 2010, p. 12).

biológicos ou sociais, a inoperosidade nos desafia diante da própria potência para fazer nascer formas-de-vida, em que a vida humana se mostre como aquela que, "ao tornar inoperosas as obras e as funções específicas do ser vivo, as faz, por assim dizer, girar no vazio e, desse modo, as abre em possibilidades" (AGAMBEN, 2017, p. 310).

A partir daqui, da inoperosidade, podemos pensar na abertura de novos caminhos políticos? Problema final apresentado por Daniel Nascimento (2014) ao analisar o conceito de inoperosidade na obra do nosso autor de referência, especialmente o *Reino e glória*. Para ajudar, retomo outro livro de Agamben. Em *Opus Dei* (2012), Giorgio Agamben busca fazer uma arqueologia não da liturgia no seu aspecto glorioso, mas na sua operacionalidade e "efetualidade", nos sacerdotes, relacionando-a — a partir do conceito de ofício — com o "modo como a modernidade pensou tanto a sua ontologia quanto sua ética, tanto sua política quanto sua economia" (AGAMBEN, 2013b, p. 8). No fundo, a questão aqui colocada, numa vinculação com os temas trabalhados no capítulo anterior e nesse, é compreender que "o problema da filosofia que vem é aquele de pensar uma ontologia para além da operatividade e do comando e uma ética e uma política inteiramente liberadas dos conceitos de dever e vontade." (AGAMBEN, 2013b, p. 132). Uma ética e uma políticas que estejam fora da eficiência. Como isso se estrutura no pensamento de Agamben?

Se pensarmos que liturgia tem em sua origem, na Grécia Clássica, a palavra *leitourgia* (*laos*, povo; *ergon*, obra), a sua noção é de "obra pública" — "a obrigação que a cidade impõe aos cidadãos possuidores de certa renda de prover a uma série de prestações de interesse comum" (AGAMBEN, 2013b, p. 13). Em Hebreus, a liturgia ganha um caráter sacerdotal, numa "teologia do sacerdócio de Cristo". Aqui, "Cristo coincide sem resíduos com sua liturgia — é essencialmente liturgia — e justamente essa coincidência confere a ele sua incomparável eficácia" (AGAMBEN, 2013b, p. 19). O sacrifício de Cristo é último e impossível de se repetir, em uma perspectiva distinta aos sacrifícios narrados no livro de Levítico. Na tradição cristã esse processo ganha acentos na Epístola de Clemente aos Coríntios, em que a liturgia também se assume como um ministério, uma tarefa não só irrepetível de Cristo para ser compreendida como algo dos bispos e presbíteros numa recordação e renovação do sacrifício de Cristo. Desse modo, identificamos o ato litúrgico — "compreendido como opus Dei — mistério e ministério, de fazer coincidir, assim, a liturgia como ato soteriológico eficaz, e a liturgia como serviço comunitário dos clérigos, o *opus operatum* e o *opus operantes Ecclesiae* (AGAMBEN, 2013b, p. 30). Por que isso nos interessa aqui? Em síntese, essa compreensão de Agamben resgata na teologia que a eficácia dos sacramentos não necessita da intenção de quem executa tal atividade, mas isso depende apenas do mistério da economia trinitária. Desse modo, aqui, "na liturgia cristã, o liame ético entre sujeito e ação se rompe. E o agente da ação e a ação mesma se desligam" (CATENACI, 2017, p. 100). Como se resolverá essa relação entre o ser e a ação, ser e práxis? A saída vem a seguir a partir das vinculações entre efeito e ofício.

Odo Casel aprofunda essas leituras sobre a liturgia. Junto ao Movimento Litúrgico católico, há a compreensão da centralidade do mistério na teologia. A escolha por esse caminho é um ato contra "a dessacralização e a racionalização do mundo que define a idade moderna" (AGAMBEN, 2013b, p. 40). Se o mistério assume a centralidade na reflexão teológica, a liturgia é colocada no centro da vivência eclesial. Desse modo, "a Igreja é como uma comunidade política (Casel se serve da expressão 'comunidade cultual'), que se realiza plenamente só no cumprimento de uma ação especial que é a liturgia" (AGAMBEN, 2013b, p. 44). O mistério aqui, como indica um dos capítulos do livro *Opus Dei*, se transforma em efeito. A paixão de Cristo não é apenas representada, mas ao ser recordada realiza os *seus* efeitos, em que *effectus* denomina "essa unidade efetual de imagem e presença no mistério litúrgico, no qual a presença é real em sua operatividade" (2013b, p. 49). O ser é na sua efetualidade. Liturgia e ontologia estão vinculadas. Se antes estávamos na distinção entre *ser* e *práxis*, ou numa linguagem aristotélica, entre *ato* e *potência*, agora "*o mistério da liturgia coincide, assim, integralmente, com o mistério da operatividade* [...], [numa] passagem da *energeia* para a efetualidade" (AGAMBEN, 2013b, p. 63).

O efeito nos coloca diante do *ofício*, um conceito ciceroniano retomado por Ambrósio. Nessa abordagem, temos que no *officium* — aqui resgatado do mundo latino de Varrão — "o sacerdote tem o dever de ser o que é, e na justa medida em que deve ser. Diríamos que o sacerdote – isto é, um sujeito cujo ser é um serviço a ser colocado em obra —, é desde este ângulo uma liturgia em si" (CATENACI, 2017, pp. 103-104). O *officium* é — para Agamben — o que torna a *vida governável* (2013b, p. 82). O *dever ser* do sacerdote o coloca em um paradigma do comando (*gerere* — "uma função pública de governo"). Tanto na prática litúrgica ou diante de uma ordem — no caso do imperador — "a transformação do ser em dever ser e a consequente introdução do dever como conceito fundamental da ética. [...] O sacerdote deve realizar seu ofício enquanto é sacerdote e é sacerdote enquanto realiza seu ofício" (2013b, p. 93). Podemos, aqui, retomar a própria noção de subjetivação que apresentei quando analisava o campo como paradigma de governo. O sujeito ao se identificar como tal, se assume e se reconhece como um sujeito (sacerdote), mas ao fazer isso também se sujeita a um dever ser (a eficiência de realizar seu ofício). Tanto em Kant quanto em Aristóteles e nos escolásticos medievais (Tomás de Aquino, por exemplo), há essa problemática ética que organiza a filosofia ocidental. Por isso, Agamben realiza "uma denúncia da ontologia moderna, do triunfo do agir e do fazer sobre o âmbito do ser, do triunfo do ato sobre a potência" (NASCIMENTO, 2018, p. 267). Como possibilitar a saída do "sujeito" dessa eficácia ética do dever e da necessidade política do governo?

Em um texto intitulado: *A potência do pensamento* (2015), Agamben enuncia uma pergunta que será respondida a partir das noções de potência (*dynamis*) e de ato (*energeia*) em Aristóteles. A questão central nesse texto é: "o que queremos dizer quando dizemos: 'eu posso, eu não posso?'" (2015, p. 243). Agamben retoma alguns conceitos centrais na obra aristotélica. A partir do texto *De anima*, apresenta a leitura realizada pelo filósofo grego sobre a ideia de "faculdade", evidenciando que a "doutrina aristotélica da potência contém uma arqueologia da subjetividade, [...] o modo como o problema do sujeito se anuncia a um pensamento que não tem ainda essa noção" (2015, p. 245). Assim, *dynamis*, aqui, "significa tanto potência como possibilidade", incluindo uma possibilidade do não, uma impotência dentro da própria potência, um poder não. A partir da ideia de privação (*hexis*), Agamben busca compreender que a potência é definida "pela possibilidade de seu não-exercício", como o arquiteto que é "potente na medida em que pode não construir, e o tocador de cítara o é porque, ao contrário daquele que é dito potente só em sentido genérico e que simplesmente não pode tocar cítara, pode não-tocar cítara" (2015, p. 246).

Agamben sinaliza as ambiguidades na noção de potência, em que toda potência é impotência, como diz nosso autor a partir da obra *Metafísica*, de Aristóteles:

podemos então dizer que o homem é o vivente que existe de modo eminente na dimensão da potência, do poder e do poder não. Toda potência humana é, cooriginariamente, impotência; todo poder-ser ou fazer está, para o homem, constitutivamente em relação com sua privação. [...] O homem é o animal que *pode a própria impotência*. A grandeza da sua potência é medida pelo abismo de sua impotência (AGAMBEN, 2015, p. 250).

Se a potência é também impotência, um "poder não", o desafio é analisar os acontecimentos de Junho dentro dos olhares da inutilidade, da inoperosidade e da descriação. Algo fora do *"dever ser"* do ofício. Mas antes é importante compreendermos as referências nessa interpretação feita no texto *A potência do pensamento*. A leitura que Agamben fará de Aristóteles é mediada por Averroes, que, junto a Al Kindi, Al Farabi, Avicena são filósofos árabe-islâmicos, os chamados de *falasifa*. O trabalho desses pensadores é — entre os séculos IX, X, XI — ler, traduzir e comentar diferentes obras de Platão e de Aristóteles; algo que no Ocidente só se iniciará no século XII. Averroes, especialmente, se dedica a produzir comentários sobre o "problema do pensamento em potência". Quem faz essa vinculação entre Agamben e Averroes é Rodrigo Bolton (2008). Segundo ele, o interesse de Agamben pela interpretação desse filósofo árabe-islâmico é "dar lugar a uma nova leitura de Aristóteles que já não situe o ato sobre a potência, senão que salve a potência em sua própria e inoperosa consistência" (BOLTON, 2008, p. 1). Essa aproximação é fundamental, porque a biopolítica ocidental se funda numa matriz ontológica que se baseia na valorização do ato sobre a potência. Aqui, por exemplo, está a referência para a relação entre "poder constituinte" e "poder constituído": o primeiro é compreendido em sua potência, e o segundo, em sua efetualidade como ato e realização (BOLTON, 2008, p. 2). Diante dessa análise, Bolton levanta um problema que me persegue nessa escrita: "é possível uma nova leitura da dita ontologia que tenha como consequência já não a operatividade, mas a inoperosidade da política e, portanto, a possibilidade de uma política além da sua matriz biopolítica?" (2008, p. 3).

Para Averroes, "o intelecto é, em certo modo, uma potência passiva, e é algo que não experimenta mudança, porque nem é corpo, nem uma potência em um corpo" (Citado em BOLTON, 2008, pp. 3-4). O pensamento é potência, pura capacidade e possibilidade. O problema colocado aqui é a *forma* do pensamento, o que pode limitá-lo, governá-lo. O pensamento como "potência passiva" não se esgota na forma que recebe e permanece como "paixão absoluta", sempre sobrevivendo à própria forma. Assim, o pensamento *pode* o que é (forma) e *pode-não* o que é (2008, p. 5).

Essa retomada é apenas um breve "lampejo" da compreensão do intelecto para Averroes. Um modo de situar o leitor em seu pensamento. O que me interessa é saber das "torções" e das releituras, desenvolvidas por Agamben, nesses conceitos, com foco no "intelecto material". Essa noção tem a referência no *diáfano* assumido como exemplo de um "termo médio" em Aristóteles, em sua teoria das cores. Como uma substância, o *diáfano* não é visível por si só — é uma transparência, apresentando-se em dois estados diferentes: "um que está em potência, expresso na 'obscuridade'; e o outro que, quando a 'luz' faz possível a aparição das cores, está em ato" (BOLTON, 2008, pp. 5-6). O "intelecto possível" é — no plano do pensamento — semelhante ao *diáfano*, uma pura capacidade de receber forma e, como substância, uma potência passiva que não tem uma obra precisa a realizar (BOLTON, 2008, p. 6).

Agamben se aproximará dessa interpretação em suas reflexões sobre a infância e a linguagem. A sua tese é que a criança é o paradigma de uma vida que é "absolutamente inseparável da sua própria forma, uma absoluta forma-de-vida sem resto". Significa, então, dizer que a criança "nunca é vida nua, que nunca é possível isolar em uma criança algo como a vida nua e a vida biológica" (AGAMBEN, 2012, p. 31). Se retomarmos as discussões dos capítulos iniciais, veremos uma política que desde a sua origem se sustenta na diferenciação *zoé* e *bíos*. A criança desativa essa lógica ao se apegar "tão de perto à sua própria vida fisiológica que ele se torna indiscernível dela mesma" (2012, p. 31). Falamos de uma vida em "absoluta imanência" que "se move e vive" (2012, p. 32). Ao ser assim, a infância constitui o próprio ser potencial da linguagem, "entre a língua e o discurso, entre o significante e o significado, entre o animal e o humano, ali se situa um umbral sem fundo que não seria um 'fundamento negativo', mas a própria potência humana enquanto tal" (BOLTON, 2008, p. 7). Desse modo, a pergunta, por exemplo, "existe linguagem" refere-se à própria experiência da potência de falar (e também a impotência); ou ao próprio "intelecto em potência" — como diria Averroes — sendo como o *diáfano*, a possibilidade de toda possibilidade (BOLTON, 2008, p. 8). Aqui está a potência do pensamento que se vincula à *destituição*. A potência passiva de Averroes abre a possibilidade para se compreender a destituição como essa transparência com a capacidade de receber qualquer cor, sem se deixar sujeitar na ética do "dever-ser", em que ser e práxis se confundem na operatividade e no efeito. Não há obra a se realizar.

## A PAIXÃO E O EROTISMO NA POLÍTICA

Mas há uma palavra que ainda precisa ser vinculada à *potência destituinte*: a paixão. Manuel Moyano escreve sobre esse assunto desde Agamben. Para aprofundarmos esse conceito, é necessária uma aproximação com uma outra noção importante para o livro: a ingovernabilidade. Moyano sinaliza que esse conceito é compreendido entre uma tensão que define duas formas do fazer político. De um lado, uma forma de *constituição* do corpo político, e, do outro, uma *técnica* de governo (MOYANO, 2017, p. 73). Agamben aborda essa questão — em diálogo crítico com M. Foucault — em *O uso dos corpos*. O ingovernável "se situa além tanto dos estados de dominação quanto das relações de poder" (AGAMBEN, 2017, p. 133). Essa prática, segundo Moyano, é o *apaixonamento*. "Essa paixão, e não propriamente as paixões concretas, mas a capacidade de apaixonar-se, é o verdadeiro ingovernável" (MOYANO, 2017, p. 73). Nessa perspectiva, o "ingovernável democrático" é, portanto, uma prática política colocada para além do sujeito, "situada no ponto onde *o sujeito (é) falta de si mesmo, o a-demos de todo o demos*", uma democracia baseada no "povo que falta" (MOYANO, 2017, p. 73). Se aproximarmos essas perspectivas com aquelas apresentadas por Espinosa, veremos a paixão (ou *afeto*), como "as afecções do corpo, pelas quais sua potência de agir é aumentada ou diminuída, estimulada ou refreada, e, ao mesmo tempo, as ideias dessas afecções" (ESPINOSA, 2009, p. 163), corpos que são afetados e afetam outros corpos — com paixões alegres e paixões tristes, que aumentam ou diminuem a capacidade de agir.

Paixões do corpo, no corpo, na relação entre corpos. Paixão, não com a melancolia de quem perdeu algo, mas com a possibilidade no tempo-de-agora. Paixão como deslocamento, como devir, como deixar-se arrastar (e, também, arrastar). Falo de um Junho de paixões ingovernáveis, fora das técnicas de governo e do aparato do Estado de direito. É, pois, um "apaixonar-se pela própria vida que vivemos, por essa vida impossível de se reduzir a suas obras ou aos seus autores" (MOYANO, 2017, p. 73). Paixão e destituição seguem juntas. Para esse diálogo, trago um texto escrito por Jul Pagul, "Poéticas públicas" (2014). Esse artigo é uma narrativa a partir de Brasília e suas experiências "microafetivas vividas" em Junho, os encontros do seu corpo, seus desejos inquietos. Pagul escreve uma "carta para seu amante, que havia trocado justo naquele ano a militância nas ruas, por um confortável gabinete" (PAGUL, 2014, p. 54). Abaixo, trago essa carta na íntegra:

> Quando o gás lacrimogêneo temperou a manifestação eu nem desaguei, ou ardi. Talvez sim tivesse molhada de dor, mas depois de ti sigo anestesiada.

Por dentro não sinto mais nada além do desejo que parem as bombas e eu esqueça.

Mas, esta ferida não cicatriza. Vou tateando o desprezo, a mais letal de todas as armas. Prefiro as máscaras nas faces do que no coração, que nem esta que te tapa a coragem. O teu cordão de isolamento que me limita. O teu ordenamento cruel, a tua vida (agora) é de gabinete, cacete... Vai por o paletó e canetar uma bomba qualquer...

Espero ainda o efeito moral da sua escolha nesta trincheira, passar. Corro, berro é quase morte. Me aproximo de alguém, de alguma, do grupo, das palavras, dos sonhos, do ideal na tentativa de um gole de sorte. Eta golpe cruel descumprir o humano, o fluido... ah, o teu amor ao poder é de atiçar os cacetetes! Ao invés, dos nossos inúmeros boquetes! Das suas repartições o poder do amor apodrece.

Revista tudo o que resta de privado, de resguardo, de refúgio escancara a fedentina (não aquela dos fluidos do nosso sexo, nos lençóis gozados, sangrentos, mijados, babados de amor... porque sexo bom é o que escancara a selvageria) O cheiro agora é de medo... de viver, do azar que emudece, da brochada diante do seu poder.

O teu poder organizado no conchavo do choque e pesadelo. A tua moeda é toque de recolher que não me faz valer, e você ainda vem falar em auto-se-comer?! Te fuder! A tua hipocrisia camburão da minha transparência. A tua covardia é mordaça que tortura o P2P e qualquer liberdade de expressão!

A bala de borracha que você nem disfarça. E ainda seduz querendo que ache graça, do tal diálogo que você guardou pro auditório, mas esqueceu quando o sol amanheceu... e eu ali já descartada e nem sequer paga. Ah, suma! Que desta avenida seus soldados vitimados por esta sedenta força de mais patriarcado são desalmados pra que sua foto esteja apropriada no noticiário.

E tudo segue controlado, manipulado... Meu coração na esquina, se rebela desta sina. Meu ventre selvagem desmascarou seus disfarces. E nas ruas onde desfilas tua crueldade, lavarei com riso no carnaval, levarei a dor como estandarte. Aprendi a sobreviver pra ver, bem viva um novo amor vencer. Desamor, desarmar-te. Sem vínculos, reversos. Migro pras barricadas do amor vivo... Luto, ou o mundo novo! (PAGUL, 2014, p. 55).

Essa carta sintetiza as dinâmicas entre política, sexualidade e economia. Corpo. Desejo. Limite. Cordões do Estado e as lógicas de captura. Na cama, no gabinete, nas relações de governo. Amor ao poder — como "máquina" e dispositivo — de "atiçar os cacetes".

Ereção como força. Cacete como símbolo "constituído". Caneta. Bomba. Gabinete. Antes, o sexo selvagem das práticas e buscas de prazer — formas de vida em "fluidificação do poder" e estratégias para enfrentar a rigidez do "poder social", como ensaiava Foucault? Agora resta o "cheiro do medo". Junho. Medo "de viver, do azar que emudece, da brochada diante do seu poder" — feito cacete. Mas não acaba aqui. O encontro do corpo pode ir para além — na "tomada das ruas, com arte urbana, berros e uivos pelas esquinas" (2014, pp. 55–56). "Migro pras barricadas do amor vivo... Luto, ou o mundo vivo." Potência de agir aumentada. "E nas ruas onde desfilas tua crueldade, lavarei com riso no carnaval." Aqui, a "teologia indecente" de Marcella Althaus-Reid me atravessa — "uma teologia materialista concreta que compreende que o deslocamento dos constructos sexuais vai lado a lado com estratégias para o deslocamento de agendas políticas e econômicas hegemônicas" (ALTHAUS-REID, 2005, p. 18).[2] Tudo articulado. As questões sexuais dentro da ação política. Desde o *homo sacer* vimos o Estado-pai e sua possibilidade de matar. Agora, numa "contrassexualidade", paixões ingovernáveis, corpos ingovernáveis.

Como sabemos, a inoperosidade procura desativar o dispositivo da máquina governamental. É desvelar, a partir de um fazer não produtivo, o vazio que está no centro do Estado moderno. No en-

---

2. Essa teóloga argentina elabora uma "teologia indecente", uma teologia que desde o cotidiano questiona e desnuda as míticas e múltiplas capas de opressão na América Latina, numa encruzilhada entre a teologia da libertação, teologia feminista e o pensamento *queer* (2005, p. 12). Neste processo de "negociação" se reconhece os limites das teologias da libertação, especialmente em seu âmbito seletivo, como uma "teologia rural". Como salientado também em um instigante artigo, "Marx en un bar gay: la teología indecente como uma reflexión sobre la teología de la liberación y la sexualidad" (2008, pp. 55–69), a relevância posta aqui é apontar como a autora enfatiza em perguntas que apresentam um dos capítulos da "Teologia indecente": "que relações existem entre uma teologia dos relatos sexuais usando um método da per-versão e as suposições econômicas e os feitos da vida dos pobres? Como se relaciona a dívida externa contraída pela Argentina na década de 1970 e o estudo casuístico de 'pene menguante' de Ghana em 1997? A sexualidade hegemônica e a mentalidade burguesa já não podem considerar-se irrelevantes, mas, pelo contrário, constitutivas do pensamento econômico atual e das relações econômicas entre as gentes dos países pobres" (ALTHAUS-REID, 2005. p. 21).

tanto, esses "vazios" não estão apenas no âmbito do Estado, mas se mostram em distintas dimensões da vida — como na sexualidade. Estado e sexualidade bem articulados. Paul B. Preciado, quando fala da contrassexualidade, entende que não se resiste à produção disciplinar da sexualidade nas sociedades liberais como uma luta contra a proibição — "como aquela proposta pelos movimentos de liberação sexual antirrepressivos dos anos setenta". Mas, sim, "a contraprodutividade, isto é, a produção de formas de prazer-saber alternativas à sexualidade moderna" (PRECIADO, 2014, p. 22). A contrassexualidade é, portanto, uma contraprodutividade que suspende o sistema de sexo/gênero, com novos e outros usos do corpo, como "corpos falantes", em novos e outros modos de "prazer-saber". Temos conexões entre política, sexualidade, religião e economia. Por agora, me interessa sinalizar as possibilidades de modos de viver e existir para além da dinâmica produtiva da modernidade, centrada no trabalho e na governança da vida em suas mais distintas dimensões. Assim, estaríamos numa sexualidade inoperosa diante do sistema de sexo/gênero, uma política inoperosa diante de uma democracia consensual e gloriosa. Entre os polos proibição/resistência, o rompimento do próprio esquema, não uma resistência dentro dos seus marcos e clausuras binárias e excludentes. Como diz Jul Pagul: "meu ventre selvagem desmascarou seus disfarces" (2014, p. 55).

Uma política cheia de erotismo (e risco), como provocou Tatiana Roque (2018). Erótico como o momento de irrupção, em que tudo aquilo "que estava relegado ao plano do íntimo, do privado, da interioridade ou do 'subjetivo' — afeto, delicadeza, cuidado, histeria ou sofrimento — adentra a arena pública" (ROQUE, 2018, p. 14-15). Afetos "incontornáveis" e "irresistíveis" na política. O erotismo como "processos de cura", um prazer de estarmos juntas entre mulheres" — diz Tatiana Roque. A carta de Jul Pagul nasceu nas ruas de Junho numa aliança de mulheres e se desdobrou em práticas de escrita e intervenção nas ruas, no "sentido de romper com as amarras institucionais, que direta ou indiretamente acionavam bombas que nos autodestruíam" (PAGUL, 2014, p. 56). Como ainda nos diz Roque: "modos de existência são políticos e a grande política não vai mudar sem incorporar as questões mais íntimas da vida" (ROQUE, 2018,

p. 16). Nas paixões ingovernáveis, os corpos são deslocados e se deslocam para além das práticas de sujeição e captura. Embora elas sigam firmes em suas tentativas de controle e regulação.

Para encerrar, como uma síntese, compreendo que a *potência destituinte* é assumida como "potência do não". Ela não é uma mera paralisia, mas a "conservação dessa 'potência do não' quando passamos ao ato" (MOYANO, 2017, p. 73). Aqui está a sutileza que nos ajudará nas leituras seguintes. Ao se falar em destituição, falamos numa "potência passiva" — como vimos em Averroes, uma "capacidade de recepção" que se conserva na realização de qualquer *ato* e *operatividade*. Por isso, "ela descompleta e corrói qualquer obra (seja artística, científica, política ou amorosa). Na erosão das obras, não apenas está radicada a sua potência, mas também, precisamente, a inoperosidade" (MOYANO, 2017, pp. 73-74). Aqui está Junho. Nos seus acontecimentos, podemos encontrar rastros dessa destituição, como "erosão das obras", mesmo em ato. Como em cada movimento na rua, podemos "mirar" os rastros dessa presença da "potência do não"?

Faixa usada em São Paulo, 7 de junho de 2013.
Foto: Maria Objetiva.

# As cidades e a governança neoliberal
## *Como profanar seus dispositivos?*

### A MOBILIDADE, A TARIFA E A CIDADE DE CATRACAS

Começo com grafias tão importantes em muitos atos de Junho.

Reconheço que esses protestos e revoltas — as vivenciadas no Brasil ou em tantos outros países nos anos anteriores — são, como afirmou S. Zizek, "sustentados pela sobreposição de diferentes níveis", numa ambiguidade e combinação de propostas, para além de um "essencialismo" de um único clamor (ZIZEK, 2013, pp. 103; 105). Se reconhecermos a cronologia interpretada por André Singer (2018), Junho caminha da pauta da redução das tarifas ("3,20 é roubo"), passando pela mobilização por *tarifa zero* até uma "dispersão de conteúdo", numa abrangência de clamores e de territórios — para além da cidade de São Paulo. Há algo relevante nessa "dispersão", sem a busca da "pauta única" que a tudo engloba, sem a busca da "tática correta" para se alcançar a eficiência política na resolução dos problemas transformados em bandeira. Aqui, é importante deixar-se interpelar pelas vozes nada uníssonas das ruas. Sabemos — aproximando-me de Paulo Arantes — que "pelo tênue fio da tarifa é todo o sistema que desaba, do valor da força de trabalho a caminho do local de exploração à violência da cidade segregada rumo ao colapso ecológico" (ARANTES, 2013). Os acontecimentos são provocados pela questão da tarifa e de como vivemos na cidade, dela se desdobram e brotam outras questões que emergem da vida cotidiana e das suas relações ambíguas, desiguais, festivas. O ponto é: por que a questão da mobilidade nas cidades instaura Junho?

O problema do *comum*, do viver no *comum*, ganha acento. Por isso, a ocupação de ruas e praças ao redor do mundo (Turquia, Brasil, Estados Unidos, Espanha, Grécia) "não se resume a uma só pauta, mas tem como uma de suas questões centrais o tema dos 'bens comuns', ou melhor, de sua usurpação pelo modelo político-territorial que tem tomado conta das cidades" (ROLNIK, 2015, p. 375). Como viver na cidade com esse modelo em que a *catraca* é um dispositivo? Para entendermos um pouco mais sobre o modo de constituição das cidades, é importante compreendermos onde estamos/estou.

Falo desde a cidade de São Paulo. Moro em Perdizes, um bairro marcado como de "classe média". Quando me mudei para São Paulo (2007), morei no Capão Redondo — onde vivia a minha irmã. Para estudar na UMESP, saía de casa todos os dias às 4h da manhã. Chegava em São Bernardo do Campo — Rudge Ramos — por volta das 7 horas. Eram três ônibus e três cidades. O trajeto era: Capão – metrô Jabaquara; metrô Jabaquara – terminal de Diadema; terminal de Diadema – Rudge Ramos. Na volta, mais três/quatro horas. Dois ônibus e um metrô. Saía do Rudge Ramos e ia de ônibus para a estação do metrô Saúde. Lá, seguia até a estação Vila Mariana. O próximo ônibus era para o terminal Capelinha. No fim do caminho pegava mais um ônibus que me deixava na estrada de Itapecerica da Serra. E ainda precisava aprender hebraico durantes esses trajetos. Embora hoje more próximo ao meu trabalho, a problemática da mobilidade ainda está evidente, agora com pagamentos de aluguel guiados pela especulação imobiliária. Na cidade, desde um modelo capitalista neoliberal, temos o espaço — como valor de *uso* — transformado em mero valor de *troca*. Assim, "um proprietário detém *sempre* um monopólio sobre um pedaço de terreno, por menor que seja ele. É isto que torna a propriedade da terra tão 'valiosa' para seu possuidor" (LAHORGUE, 2002, p. 50). Desse modo, nas relações de uma cidade *feita* mercadoria, a fala de H. Lefebvre é acertada: "o adquiridor é comprador de uma *distância*, a que une seu alojamento a diferentes lugares: os *centros* (de comércio, de ócio, de cultura, de trabalho, de decisão)" (1976, p. 110). Ao se comprar distância, compra-se tempo e prazer.

O meu relato — bem particular — não é uma fala exclusiva. Ao olharmos para São Paulo, pesquisas recentes (2018), entre tantas questões, indicam que "as desigualdades territoriais são imensas e impactam o acesso à mobilidade". Isso se "materializa" nesse caso: "as redes de média e alta capacidade não alcançam os territórios mais distantes, causando impacto à população que habita as zonas adjacentes, caracterizada por possuir menor renda e que, em sua maioria, usa o transporte coletivo todos os dias" (ETHOS, 2018, p. 6). Aumenta-se, assim, as distâncias para se locomover na cidade e o tempo dos deslocamentos. Se pensarmos desde as desigualdades socioeconômicas,

dois fatores se destacam: há o fato de que quanto maior a renda da população na cidade, maior a quantidade de deslocamentos, consequentemente maior a possibilidade de acesso a emprego, serviços e lazer. O segundo relaciona a renda ao uso de determinados modos de deslocamento e quanto maior a renda, menos se utiliza o transporte coletivo. No entanto o custo da tarifa do transporte coletivo é muito alto em comparação com a extensão da rede e as rendas médias dos trabalhadores. O alto custo tem impacto não somente sobre o deslocamento diário para ir e voltar do trabalho, mas igualmente sobre o acesso à cidade como um todo. Em São Paulo, considerando o custo da tarifa praticada em 2013 (R$ 3,20), o gasto com transporte coletivo, considerando a ida e volta para 20 dias úteis, representava cerca de 16,95% do salário mínimo, enquanto que na Cidade do México esse percentual representava 14,25%, Santiago 12,34%, Nova York 7,70% e Paris 4,58% (ETHOS, 2018, p. 5).

Estamos diante de desigualdades na apropriação do espaço, das riquezas e do poder, em que se perde a falsa condição de igualdade no acesso à cidade (LEITÃO & FERREIRA, 2016, p. 36). Aqui temos, segundo uma citação que farão de Flávio Villaça, a disputa pelo tempo de deslocamento como o "mais importante fator explicativo da organização do espaço urbano e do papel deste na dominação social que se processa por meio dele" (Citado em LEITÃO & FERREIRA, 2016, p. 37). Todas essas dinâmicas integram um modelo de construção das cidades que é marcado por uma "razão neoliberal". Agora, pontualmente, pode-se dizer que essa lógica neoliberal "vai penetrando nas cidades e nas políticas urbanas e de moradia, capturando territórios, expulsando e colonizando espaços e formas de viver" (ROLNIK, 2015, p. 373). Assim temos modelos de governança em que poder político e poder econômico se confundem, com processos permanentes de "acumulação por espoliação", "capitalização do espaço e da vida", "captura e cercamento de espaços públicos", "extensão da mercantilização da terra e da moradia" ou "expulsões" (ROLNIK, 2015, p. 373). Essa governança nos coloca diante da urgência de se compreender a relação entre neoliberalismo e democracia liberal — um trabalho desenvolvido por Pierre Dardot & Christian Laval.

## A RACIONALIDADE NEOLIBERAL

No texto *A nova razão do mundo: ensaio sobre a sociedade neoliberal* (2016), esses autores apresentam o neoliberalismo como um "sistema normativo", que se estende desde a lógica do capital a todas as relações sociais e todas as esferas da vida (2016, p. 7), colocando-nos num sistema "pós-democrático". O que me interessa é compreender essas "marcas" da cidade, trazidas por Raquel Rolnik, desde e em relação com o "esgotamento da democracia liberal". Para iniciar, é preciso uma delimitação conceitual. Quando se fala aqui de "racionalidade neoliberal", de que mesmo estamos falando? Dardot & Laval indicam quatro traços dessa racionalidade. O *primeiro*, o discurso neoliberal é uma realidade construída, não um dado natural, e que requer "a intervenção ativa do Estado, assim como uma instauração de um sistema de direito específico" (2016, p. 377). O *segundo* traço é que a sua marca fundamental é a concorrência, não a troca. Aqui, a missão dada ao Estado vai muito além do papel de "vigia noturno" das dinâmicas econômicas, mas sendo o instaurador da " 'ordem-quadro' a partir do princípio 'constituinte' da concorrência, 'supervisionar o quadro geral' e zelar para que seja respeitado por todos os agentes econômicos" (2016, p. 378). Basta recordarmos aqui o comunicado feito pelo governador de São Paulo, Geraldo Alckmin (PSDB), quando decidiu reduzir a tarifa — junto ao prefeito Fernando Haddad (PT). O *terceiro* traço é submeter o próprio Estado em sua ação à norma da concorrência, numa "sociedade de direito privado", constituindo-se desde as "normas do mercado". O *quarto* e último traço se mostra na própria construção de subjetividades, em que a concorrência guia as relações entre os indivíduos, criando-se, assim, o "indivíduo-empresa", em que "a empresa é promovida a modelo de subjetivação: cada individuo é uma empresa que deve se gerir e um capital que deve se fazer frutificar" (2016, p. 378).

Sobre esse último traço, ainda cabe apresentar as discussões de Byung-Chul Han na obra *A sociedade do cansaço* (2010). Segundo ele, vivemos em uma sociedade marcada pelo "excesso de positividade" que nos coloca para além da "sociedade disciplinar" — como pensava Foucault — e nos abre uma "sociedade do desempenho". Os seus habitantes não "se chamam mais 'sujeitos da obediência', mas sujeitos do desempenho e produção. São empresários de si mesmos" (HAN, 2017a, p. 23). Não há negatividade, o "não-ter-o-direito" assumindo-se como "positividade" do "poder ilimitado", sendo "senhor e soberano de si mesmo". Desse modo, o "sujeito do desempenho se entrega à *liberdade coercitiva* ou à *livre coerção* de maximizar o desempenho" (HAN, 2017a, pp. 29-30). Aqui, "o explorador é ao mesmo tempo o explorado. Agressor e vítima não podem mais ser distinguidos" (HAN, 2017a, p. 30). Nessa lógica extrema, os "adoecimentos psíquicos da sociedade de desempenho são precisamente as manifestações patológicas dessa liberdade paradoxal" (HAN, 2017a, p. 30).

Essa "sociedade do desempenho" que marca essa "racionalidade neoliberal" — com todos os seus processos de adoecimento — cria o "empreendedor de si mesmo" numa cidade desigual e orientada pela compra de tempo e distância. Produzir na cidade com eficiência e agilidade. A construção de subjetividade amplia a atuação para além da dimensão econômica, do aparato jurídico-político que legitima e sustenta uma governança das empresas por concorrência e do Estado-feito-empresa. O diagnóstico de Dardot & Laval é um bom "retrato" do modo de operação dessa "razão". No âmbito político, vemos que essa lógica é "ademocrática", marcada pela "gestão" e "boa governança" do público e da cidadania, como afirmam Pierre Dardot & Christian Laval:

Diluição do direito público em benefício do direito privado, conformação da ação pública aos critérios de rentabilidade e da produtividade, depreciação simbólica da lei como ato próprio do Legislativo, fortalecimento do Executivo, valorização dos procedimentos, tendência dos poderes de polícia a insertar-se de todo controle judicial, promoção do 'cidadão-consumidor' encarregado de arbitrar entre 'ofertas políticas' concorrentes, todas são tendências comprovadas que mostram o esgotamento da democracia liberal como norma política (DARDOT & LAVAL, 2016, p. 380).

É esse modelo que Raquel Rolnik vê ao falar da governança das cidades, em que "a ação do planejamento urbano e da política habitacional tem sido fundamental para expandir as fronteiras do capitalismo financeirizado sobre o território" (ROLNIK, 2015, p. 379). Esse processo afeta a democracia liberal, que está esgotada. Como dizem Dardot & Laval, "a nova racionalidade promove seus próprios critérios de validação, que não tem nada a ver com os princípios morais e jurídicos da democracia liberal" (2016, p. 382). Seguimos no terreno do governo em nome da "eficácia". Aqui, não ficamos perplexos e melancólicos diante de um passageiro "desencantamento democrático". Segundo nossos autores, estamos mesmo é diante de uma "mutação muito mais radical, cuja extensão é revelada, à sua maneira, pela dessimbolização que afeta a política" (2016, p. 382). As ruas de Junho escancaram os limites e os esgotamentos de uma "democracia liberal" — se pensarmos nos moldes "clássicos" de representatividade, por exemplo — e de uma "democracia liberal" transformada desde uma racionalidade neoliberal. Se olharmos algumas grafias, veremos essas críticas:

"Onde está o público do nosso transporte?" Essa pergunta foi levantada em muitos lugares de Junho. O "Estado-empresa" organiza a gerência de transportes e agora amplia a sua lógica vinculada à "cidade-de-exceção" e à produção de uma subjetividade nos modelos da eficiência e do desempenho. Nessa cidade, vivemos em guerra — como escreveu Raquel Rolnik: "uma 'guerra de lugares' ou uma guerra 'pelos lugares'" (ROLNIK, 2015, p. 378). Por esse motivo, julgo que a catraca *é* um dispositivo de cidade feita na divisão e na desigualdade. Aqui, o conceito de religião desenvolvido por Agamben também é importante para a análise. Como ele diz, sabemos que "toda separação contém ou

Cartaz usado em Belo Horizonte, 13 de junho de 2013.
Foto: Priscila Musa.

conserva em si um núcleo genuinamente religioso" (2007, p. 65). O dispositivo, que realiza e regula a separação, é o *sacrifício*. A catraca escancara os espaços da cidade, separados, sacralizados, intocáveis. Quem pode entrar, quem pode habitar, quem pode se movimentar? Quem pode acessar os espaços de decisão sobre a vida na cidade? A *biopolítica do sacrifício* acontece, também, na catraca. A palavra *religio* — segundo Agamben — "não deriva de *religare* (o que liga e une o humano e o divino), mas de *relegere*" — "o reler"; desse modo, "*religio* não é o que une os homens e deuses, mas aquilo que cuida para que se mantenham distintos" (2007, p. 66). Ao "torcermos" esse conceito, vemos que a catraca simboliza esse mecanismo que evidencia a distinção. Como escreveu o MPL-SP: "as catracas do transporte são uma barreira física que discrimina, segundo o critério da concentração de renda, aqueles que podem circular pela cidade daqueles condenados à exclusão urbana" (2013, p. 15).

A catraca, como um dispositivo dessa *religio*, evoca o bloqueio do *uso*. Tatiana Roque se aproxima dessa construção que faço ao

Cartaz usado no Rio de Janeiro, 20 de junho de 2013.
Foto: Marco Aurélio de Oliveira.

dizer que as leituras e repostas sobre os acontecimentos de Junho perderam — numa "deriva burocrática" — "a dimensão de que a política tem a ver com aumentar a capacidade e a autonomia das pessoas comuns" (2018, p. 36). Ao se compreender como possibilidade de novos usos e aumentar a "potência de agir", a política não tem a ver com a transformação das pessoas comuns em "militantes. Nem em trabalhadores explorados — como consequência do plano economicista que despreza a contrapartida negativa para as subjetividades" (ROQUE, 2018, p. 36). Esse modelo não se distancia da "sociedade do desempenho" e da eficiência do "empreendedor de si mesmo" — mesmo que "partidário". O problema — na linha de Tatiana Roque — é capturar toda a possibilidade e "potência de agir" na categoria do sujeito produtivo/consumidor. É a política reduzida ao consumo, produção e obediência às formulações e acordos da "*realpolitik* do pemedebismo". No modo de cidade neoliberal, a

Cartaz usado em Salvador, 16 de junho de 2013.
Foto: Milene Migliano.

vivência do espaço é demarcada por uma dinâmica social que combina a "sociedade disciplinar" dos salários (mesmo que precários), a eficiência dos corpos endividados do neoliberalismo e a "tomada da força do desejo". A catraca foi a abertura para *mirar* a cidade e suas construções psicogeográficas, em que os efeitos do "meio geográfico, consciente organizado ou não, [...] atuam diretamente no comportamento afetivo dos indivíduos" (CARERI, 2013, p. 90). O transporte tem a "dimensão da cidade". Por isso, é uma entrada potente para se evidenciar a governança neoliberal que ordena as relações entre público e privado, e, especialmente, a construção de uma zona indeterminada entre essas instâncias.

Nessa linha, Rodrigo Bolton elabora um conceito interessante para as discussões que faço nesse capítulo — o "*daseinempreendedor*". A ontologia do *ser* se converte em ontologia do *dever ser*, como na prática do sacerdote vista anteriormente. Em sua interpretação, como evidenciado nessa lógica, a razão neoliberal funciona de um modo inteiramente litúrgico, como ofício e eficiência (BOLTON, 2017, p. 15). As vinculações se dão no *neokantismo* do século XX, especialmente no economista da escola austríaca Friedrich Hayek. Em sua abordagem, a noção de "empreendedorismo se inscreveu no interior da implementação latina da *oikonomia*"; aqui, a ideia de razão não "aparece mais como o 'exame das condições transcendentais da verdade', mas como o exame das condições econômicas da liberdade" (BOLTON, 2017, p. 15). A sociedade do desempenho é guiada pela lógica do "poder ilimitado", liberdade no máximo de seu discurso. Uma contradição. Fala-se aqui de uma liberdade como "ordem econômica-administrativa que opera na imanência", afastando-se de uma figura transcendente, presente na economia *keynesiana*, representada pelo Estado. Como em Walter Benjamin e em sua leitura do capitalismo como religião da culpa e de um culto permanente, para Bolton — desde Hayek — "a economia coincide totalmente com a vida, ou seja, a diferença entre vida e o trabalho se esfumaça totalmente" (2017, p. 16). Em nome da liberdade, "o explorador é ao mesmo tempo o explorado". A vida na cidade neoliberal é direcionada para essa lógica: o empreendedorismo do *dever*, em que o cidadão, na cidade-empresa, pode tudo, em um horizonte último de positividade.

Na foto da página seguinte, temos uma grafia com um questionamento importante: "São Paulo, uma cidade para ~~todos~~ poucos".

A cidade é para todos como expectativa de desempenho. A cidade é para todos como discurso de uma cidadania "universal". O cidadão é capturado. É a cidade-de-exceção que se sustenta no *bando*, na vida nua abandonada. Corpos incluídos pela exclusão e excluídos de maneira includente. Estão na cidade, mas São Paulo, como cidade de ~~todos~~, é uma cidade de "poucos". O "mérito" ganha força. E, como escreve Byung-Chul Han, esse empreendedor "não está submisso a ninguém ou está submisso apenas a si mesmo. É nisso que ele se distingue do sujeito da obediência. A queda da instância dominadora não leva à liberdade. Ao contrário, faz com que liberdade e coação coincidam" (HAN, 2017a, p. 29). Na linguagem de Bolton, "liberdade" e "ordem" bem articulados. A catraca é um símbolo de

Cartaz usado em São Paulo, 13 de junho de 2013.
Foto: Vitor Nisida.

negatividade que demarca a cidade da positividade e da "pura" possibilidade criativa. São Paulo é uma cidade para poucos. Junho, com os rastros de sua potência destituinte, escancara a falácia neoliberal.

Byung-Chul Han no livro *Psicopolítica: o neoliberalismo e as novas técnicas de poder* (2018) analisa, em um dos eixos de sua investigação, a crise da liberdade. Em síntese, o problema posto é esse: "o sujeito neoliberal como empreendedor de si mesmo é incapaz de se relacionar *livre de qualquer propósito*. Entre empreendedores não surge amizade desinteressada" (2018, p. 11). Se a liberdade tem como sentido original "estar com amigos", a lógica que governa a cidade nos empurra para o isolamento. A observação de Han é interessante: "Liberdade (*Freiheit*) e amigo (*Freund*) possuem a mesma raiz indo-europeia. Fundamentalmente, a liberdade é uma *palavra relacional*" (HAN, 2018, p. 11). Aproximando-se de Marx, Han compreende que a busca dessa liberdade individual e a "livre concorrência" entre as pessoas é um modo de multiplicação do próprio capital (2018, p. 13). Não há relação. Enrique Dussel, em uma leitura próxima, ao comentar os *Grundrisse*, compreende Marx como um filósofo por ele buscar realizar uma "ontologia do capital". O ser do capital se faz na negação do outro. Assim também é o plano ideal da cidade neoliberal. A liberdade individual para a circulação e para a criatividade produtiva não passa de uma "relação do capital consigo mesmo como outro capital, i. e., o comportamento real do capital como capital" (Citado em HAN, 2018, p. 12). Como "totalidade", o capital não reconhece (e nega) toda "exterioridade" — o "estar *fora* de". Por isso, Dussel escreve: "a totalidade do capital é superada por um âmbito que transcende o seu fundamento. Se a ontologia pensa o ser [...], a crítica do ser se efetua a partir de uma alteridade" (DUSSEL, 2012, p. 339).

Há uma tentativa, como experimentação, de construções de espaços *comuns* de liberdade. Estamos na "guerra dos lugares", "guerra pelos lugares". Nesse ponto, Alana Moraes aponta a "forma-ocupação", vivenciada nas ocupações de moradia ou nas ocupações das escolas estaduais de São Paulo, por exemplo. Para ela, nesses espaços é necessário "também um constante esforço de produção de relações, manutenção de vínculos, fabricação de pertencimentos, escutas.

Quando não há mais nada: salário, emprego, hospitais públicos, o que fica somos nós, mulheres" (MORAES, 2018b). Alianças de mulheres, relações para fora da lógica da "liberdade individual" como "livre concorrência" na cidade demarcada entre fronteiras de muros e catracas. Numa "sociedade do desempenho" que em nome do "poder ilimitado" do empreendedorismo cria "fracassados" no modelo "aristocrático" do mérito, as ocupações representam um espaço comunitário de liberdade, em que "ser livre" "não significa nada mais do que *se realizar conjuntamente*" (HAN, 2018, p. 12). E esse realizar-se "borra as fronteiras" do público e privado, da "heterossexualidade doméstica", da propriedade privada. Como síntese dessa liberdade, mais um exemplo. "Uma das frases mais ouvidas nas ocupações de sem-teto", diz Moraes, "é 'aqui eu me curei'. A cura que se produz nas ocupações vem da possibilidade de compartilhar um espaço, uma vida, marcas de sofrimento – antes encerrados nos espaços domésticos" (MORAES, 2018b).

A cidade dos isolamentos impossibilita saídas diante da apatia urbana. Sobre esse tema, ainda retomo Byung-Chul Han no texto *Agonia do Eros* (2012). A dinâmica da "liberdade individual" e dos fracassos diante da "cidade-empresa" e do "sujeito-empreendedor" colocam o "cidadão" na "culpa permanente" — para relembrar Benjamin — e no afogamento "em si mesmo". Han, diante disso, aponta que "O eros, ao contrário, possibilita uma experiência do *outro* em sua alteridade, que o resgata de seu inferno narcisista" (2017b, p. 11). É um deixar-se arrastar por um "*tornar-se-fraco* todo próprio, que vem acompanhado ao mesmo tempo por um sentimento de fortaleza" (2017b, p. 11). Um sujeito menor que habita a cidade feita posse, com o corpo transformado em "propriedade privada". Mas na aliança das ocupações e das ruas, podemos nos deparar com a chegada do "outro *atópico*", que numa "forma apocalíptica" irrompe o "inferno do igual" (HAN, 2017b, p. 11). O erótico é potente nesse ponto, como possibilidade de arrancar o sujeito de si mesmo e dos possíveis dispositivos que organizam o nosso viver e as nossas relações. Voltamos às "paixões ingovernáveis" que podem mostrar os limites dessa governança neoliberal da cidade e podem empurrar os corpos em aliança para outros modos de vida e organização.

## O CAOS, A RELIGIÃO E A CIDADE DE CORPOS ENDIVIDADOS

Para encerrar o desenho dessa governança, é preciso resgatar a noção de "glória" em Giorgio Agamben. Antes, vimos que Junho tem rastros destituintes por evidenciar o vazio da "máquina governamental", que é inoperoso, é anárquico. A "democracia gloriosa" é a marca dessa democracia liberal que possuímos de algum modo. No entanto, há um limite nessa leitura de Agamben. Trouxe essa discussão para esse capítulo devido à proximidade com o "neoliberalismo". Quem aponta essa questão é Rodrigo Bolton. Para ele, o limite de *O reino e a glória* é não ter "explicado o modo como o dispositivo da glória se conecta ou não com o problema da 'dívida' produzida no capitalismo" (BOLTON, 2017, p. 20). Há uma pista para essa aproximação. Ela está, segundo Bolton, na questão do *dever ser*, no livro *Opus Dei*. Mas esse tema não foi desenvolvido, embora Agamben conheça bem *O capitalismo como religião* e toda a noção de culpa/dívida ali apresentada. Para Bolton, a questão do capitalismo não é outra "senão a discussão de uma glorificação endividante. Como se a glória fosse a 'ilusão' (no sentido freudiano) da dívida e, de maneira inversa, como se a dívida não fosse mais do que a captura provocada pelo dispositivo da glória" (BOLTON, 2017, p. 22).[1] A democracia das

---

1. Rodrigo Bolton acredita que o argentino León Rozitchner esteve muito próximo das intuições de Giorgio Agamben e Elettra Stimilli, que pesquisou sobre "*a dívida do vivente — ascese e capitalismo*". Em 1998, "ele escreveu um livro fantástico chamado La Cosa y la Cruz, Cristianismo e Capitalismo: Sobre as Confissões de Santo Agostinho. Nesta obra, ele adianta várias hipóteses que cruzarão os trabalhos de Agamben e Stimilli a partir da noção freudiana de "repressão": o capitalismo é um modo de produção que obedece a um modelo subjetivo que encontraria em Confissões de Agostinho de Hipona seu paradigma. Nele, Agostinho conta como se distanciou da mãe até convertê-la em uma substituta espiritual do Pai, produzindo assim o efeito que custará caro a toda Modernidade: a desmaterialização, processo pelo qual, graças à repressão, a carnalidade da "mãe" é transferida à espiritualidade de um "pai" (por isso a noção de desmaterialização refere-se à repressão da mãe a favor da ereção do pai), reduzindo a sua potência a uma simples "coisa", um vazio gigantesco que o sujeito moderno tentará preencher com a acumulação infinita de capital. Penso que é necessário estabelecer diálogos — até onde seja possível

aclamações se relaciona com a necessidade dos corpos endividados. A cidade neoliberal necessita da articulação entre a glória e a dívida. Aqui as pesquisas de Maurizio Lazzarato nos ajudam mais. Especialmente em sua análise sobre o endividamento de estudantes nas universidades dos Estados Unidos. No seu livro *O governo do homem endividado* (2014), vemos que a dívida é uma técnica de produção de um sujeito neoliberal — um *homo oeconomicus*. Governamentalidade e dívida estão vinculadas, numa combinação entre controle, subjetividade e a vivência do tempo. Segundo Lazzarato, a dívida constitui o paradigma da "liberdade liberal", numa subjetivação que é produzida na coerção de si mesmo — com vergonha e culpa, com uma vivência de tempo e espaço abertos — tempo e o espaço de sua própria vida (LAZZARATO, 2017, pp. 66–67). Um exemplo pode ser visto nos pagamentos de imóveis em 20/30 anos. A "guerra pelos lugares" envolve endividamentos. Nessa lógica, "por meio do pagamento de juros, a dívida é um aparelho de captura e de redistribuição da riqueza social (LAZZARATO, 2017, pp. 66–67). E o "endividado" é o único responsável diante dos bancos. Nessa dinâmica, o "capitalismo financeirizado" "'suga' a mais valia social e a distribui, rompendo a relação entre trabalho e rendimento, em benefício exclusivo dos rentistas — dos quais fazem parte as empresas" (LAZZARATO, 2017, p. 69). Se levantarmos os dados dos lucros dos bancos durante a denominada "crise econômica" vivenciada no Brasil, veremos essa lógica aqui indicada. Segundo o *Valor econômico* (21 de março de 2018):

Se na crise de 2008 os bancos americanos e europeus viram seus resultados despencar, as cinco maiores instituições do país — Itaú Unibanco, Banco do Brasil, Bradesco, Santander e Caixa — absorveram mais de R$ 360 bilhões em calotes no crédito desde 2014 sem que sua rentabilidade, sempre entre as maiores do setor em comparações internacionais, fosse substancialmente afetada. Mesmo após a perda com inadimplência e todos os outros custos, inclusive tributários, o lucro somado desse grupo de bancos atingiu R$ 244 bilhões entre 2014 e 2017. A cifra supera todo o ganho líquido de 307 companhias não financeiras abertas no mesmo período, que alcançou R$ 56 bilhões (ou R$ 120 bilhões sem os prejuízos da Petrobras), conforme levantamento

---

— entre estes autores que delineiam a mesma constelação de pensamento que é inteiramente intempestiva para os tempos em que vivemos" (BOLTON, 2017, p. 22).

do Valor Data. A capacidade dos bancos brasileiros de sustentar lucros e retornos elevados em qualquer cenário econômico reflete um sistema moldado numa trajetória que envolve inflação alta, câmbio instável e sucessivas crises de diferentes naturezas, dizem especialistas e agentes do setor (VALOR, 2018).

Os números são elevados. Na lógica da dívida como tecnologia e captura, e na dinâmica dos juros, "nós continuamos a enriquecê-los [os credores], na crise e graças a crise", diz Lazzarato (2017, p. 69). Entre tantas possibilidades de leitura e análise, quero vincular essa dinâmica à "crise dos transportes" indicada como limite para a efetivação de uma "tarifa zero" nas grandes cidades. Esse discurso aparece nas grafias de Junho, nas falas do ex-governador de São Paulo, Geraldo Alckmin, e também nas do ex-prefeito de São Paulo, Fernando Haddad. Quem paga a conta? Segundo Lazzarato, a "gestão liberal da crise" integra um Estado máximo como soberano sobre a população com liberar os mercados e, diria, a operação do "Estado-empresa". Esse gesto é uma intervenção de "maneira massiva, invasiva e autoritária sobre a vida da população e pretendendo governar cada comportamento" (LAZZARATO, 2017, p. 121). Aqui entendemos, por exemplo, toda a tensão com a tática *black bloc* nos acontecimentos de Junho — inclusive de manifestantes que estavam lado a lado nas ruas e também de intelectuais de "esquerda". A glória necessita da dívida e da crise econômica. Uma "democracia gloriosa" que necessita das técnicas disciplinares, especialmente na "gestão dos 'desempregados', dos 'pobres', do mercado, do emprego e da governança dos serviços sociais" (LAZZARATO, 2017, p. 197). Aqui temos novamente a gestão do transporte e a sua sustentação na "ordem" e no "*nomos*" da cidade, que divide a vida por meio da catraca. Junho recoloca o transporte como um direito, na esfera do *público*. "Onde está o público do nosso transporte?".

Se tudo parece estar cooptado, capturado e normalizado, Junho abre uma fissura destituinte. Como? "A cidade é usada como arma para a sua própria retomada: sabendo que o bloqueio de um mero cruzamento compromete toda a circulação, a população lança contra si mesma o sistema de transporte caótico das metrópoles" (MPL,

2013, p. 16). Escancarar o caos da ordem "pública", a anomia de toda norma. Como abaixo:

Pichação em Belo Horizonte, 17 de junho de 2013.
Foto: Leo Souza.

Numa agência do banco Bradesco, em Belo Horizonte, com seus vidros protegidos pelos tapumes, contra toda rebelião, uma grafia potente: "O caos nunca morreu!". Nas cidades dos corpos endividados, a "glória" democrática encobre o caótico. Se a governança neoliberal a tudo quer regular, todos os movimentos e comportamentos, incluindo o tempo, com a exigência de "sacrifícios" permanentes para se aplacar a culpa, a rua resgata o caos no hiato de toda "máquina governamental". O mundo dos ordenamentos político-jurídicos ou da economia como gestão da vida exigem a previsibilidade. Até para a revolta. Junho abre a brecha do vazio de todo poder. Certo estava Pasolini: "Nada é mais anárquico do que o poder. Porque o poder faz o que quer, como quer, quando quer" (Citado em HONESKO, 2017). Se o picho "PM covarde" evoca a polícia soberana e a sua dinâmica de violência e produção de vidas abandonadas; lado a lado, há a visibilidade do caos do próprio poder, que tenta capturar toda a anomia para se fazer ordem. Se aproximamos essa interpretação de Lazzarato, veremos que o *nomos*, em diálogo com C. Schmitt, tem três dimensões: a primeira é a que significa "tomada", "conquista". A sociedade começa pela conquista e apropriação — ou "acumulação primitiva" na linguagem de Marx. Na dinâmica do capitalismo do século XX, temos a apropriação do "espaço industrial" que permite a "apropriação do espaço mundial". A segunda interpretação refere-se ao *nomos* como o "partilhar, produzir partes", "dividir", numa definição de propriedade e direito. Tudo o que foi apropriado deve ser medido e divido. A terceira significação de *nomos* remete à produção — "apascentar, gerir, utilizar, produzir" (LAZZARATO, 2018, pp. 44-45). A cidade "contra ela mesma" tenta abrir o caos nas ruas — nunca morto. Mas ainda o mais potente, Junho tenta abrir o caos velado em toda *nomia* da acumulação, da divisão ou da produção. O caos da rua que escancara o caos da "máquina governamental". As palavras nos tapumes da proteção, as "catracas" de madeira que separam, dividem. Proteção em relação ao "deus capital". Como dirá Agamben — em diálogo com Walter Benjamin: "Deus não morreu, ele se tornou Dinheiro". Nessa lógica, "o Banco — com os seus cinzentos funcionários e especialistas — assumiu o lugar da Igreja e dos seus padres e, governando o crédito (até mesmo o crédito dos Estados, que docilmente abdicaram de sua soberania), manipula e gere a fé" (AGAMBEN, 2012).

No caos que nunca morre, em Recife, encontramos o movimento #OcupeEstelita. Um cais que foi leiloado para a iniciativa privada, que construiria nessa área do centro da cidade "doze torres de cerca de quarenta andares". Um "casamento perverso" entre Estado e empresários que resulta — como tenho mostrado nesse capítulo — em um "modelo de neogovernança corporativa, em que o capital decide políticas públicas e o Estado é tão somente o tutor dos interesses privados" (ANDRADE, LINS, & LEMOS, 2014, p. 140). O leilão ocorreu em 2008. No caminho, temos os acontecimentos de junho de 2013, que traziam a urgência de "ocupar os espaços de poder". "O desejo de desejar, de participar das decisões políticas que afetam todas e todos nós, passava a ocupar vários lugares da cidade" — narram Érico

Andrade, Liana Lins e Frida Lemos (2014, p. 138). As "passeatas de junho desembocavam no Cais Estelita". Quando se iniciam os processos de demolição (21 de maio de 2014), inicia-se também uma ocupação no Cais. Como diziam, "os galpões eram os nossos 20 centavos". "Nós não iríamos mais tolerar que a cidade em que vivemos fosse desenhada sem nós. A cidade deveria ser para as pessoas e também pelas pessoas" (ANDRADE, LINS, & LEMOS, 2014, p. 142). No fundo, Estelita é um "junho que segue sendo" na tentativa de retirar "o poder das instâncias burocráticas tradicionais e conferindo poder à participação popular" (2014, p. 142).[2] Novas experiências de organização, de construção de narrativas alternativas aos meios de comunicação tradicionais. Em 17 de junho, "a polícia mostrou a face coercitiva do capital". Reintegração de posse. Bombas de efeito moral, balas de borracha, gás lacrimogêneo, cassetetes e chicotadas. A ordem do Estado e sua "máquina de guerra". Andrade, Lins e Lemos trazem um relato do dia:

A violência institucionalizada é a falência do Estado. Ela finca muros para que os cidadãos não exerçam livremente o direito de discutir e planejar a cidade. A violência da polícia é também covarde porque se estrutura na

---

2. Também havia tensões. "De um lado, parte dos militantes do DU tinha o conhecimento técnico e político sobre questões mais específicas referentes ao Cais. Mas não tinham disposição física para dormir no acampamento. De outro, jovens estudantes, artistas e simpatizantes da causa não tinham, em sua maioria, as propriedades técnicas, mas estavam ocupando o Cais, com seus corpos, com seu trabalho, com seu espírito. Nosso elo básico e comum é que todos nós sofremos diariamente com essa forma desumana de se construir a cidade em nossa sociedade. Capinar a área, construir uma horta, organizar a estação de coleta seletiva de lixo, no intuito de manter o ambiente salubre e a promoção da educação ambiental dos ocupantes eram atos políticos, mas nem sempre compreendidos e valorizados como tal por alguns ocupantes. Um claro conflito intergeracional estabeleceu-se, conflito esse que até hoje não foi suficientemente compreendido e avaliado. Um difícil e complexo processo de troca foi paulatinamente se desenvolvendo. A ética da alteridade e o aprender com as diferenças foram, em meio a muitas tensões, se construindo. Processos humanos estabeleciam-se, esgarçavam-se e se restabeleciam intensamente nas relações dentro e fora da ocupação. Discutíamos horas nas assembléias, tínhamos discordâncias sobre as estratégias de atuação, mas tínhamos um objetivo comum: o desejo de uma cidade coletiva que comportasse em seu seio a diversidade de visões de mundo existente em nossa própria ocupação. Resiliência sempre foi uma constante durante o nosso processo de ocupação" (2014, p. 143).

assimetria das forças. Enquanto nossas armas são o desejo por uma cidade planejada coletivamente e priorizando a coletividade, a polícia dispõe de armas que ferem não apenas os nossos corpos, mas, sobretudo, tentam ferir a nossa dignidade. Contra a força desproporcional da polícia, dispúnhamos apenas da coragem de quem luta não para garantir seu investimento — como fazem aqueles empreiteiros que vão aos debates dizendo cinicamente que estão pensando a cidade — mas de quem sonha cidades. Contra o forte poder do capital imobiliário tínhamos a consciência de que a nossa luta não é para tirar vantagens ou subtrair dividendos. Queremos o direito de querer, isto é, desejamos um Estado que não esteja subordinado às empreiteiras como Moura Dubeux e Queiroz Galvão, mas que sirva aos interesses da maioria, materializados num plano diretor amplamente discutido pela sociedade e por uma cidade que preze efetivamente pela diversidade de construções e de uso compatíveis com a diversidade e multiplicidade das pessoas (2014, pp. 148–149).

A violência institucionalizada não é uma falência do Estado. É o seu modo de operação. A exceção é a regra. Há várias informações que apontam para a suspensão da lei em Estelita. Um exemplo. As pessoas estavam sentadas nos trilhos do cais — área de propriedade federal. A polícia é de caráter estadual. Não poderiam cumprir o mandato naquele espaço. "O oficial de justiça demonstrou conhecer, situação de rara gravidade, pois o agente da lei tinha plena ciência de que não estava sendo cumprida a lei" (ANDRADE, LINS & LEMOS, 2014, p. 148). Estelita foi, então, um *campo*. Ela é potente por ser um espaço onde se evidencia que "queremos o direito de querer". É uma recolocação do desejo. Não mais na mediação do "casamento" Estado-mercado. Não uma "pauta centralizadora", mas a possibilidade de se ter qualquer "pauta". A política é colocada em outro lugar. Estelita — nos ecos de Junho — mostrou que a ocupação torna territórios coletivos, partilhados. Não uma vivência guiada pelo "inferno do igual" da sociedade do desempenho.[3] E mais: o #OcupeEstelita "ensina que o hiato que separa sociedade das instâncias burocráticas

---

3. Com a "reintegração de posse", outras ocupações foram feitas. Uma na frente do Cais e outra na própria prefeitura de Recife, em que — depois de muita pressão — as pessoas foram recebidas pelo prefeito Geraldo Júlio (PSB). A ocupação queria deslocar o território da noção de propriedade.

de decisão política, só pode ser superado com a pressão popular por participação nas decisões políticas" (2014, p. 155). Essa citação é emblemática. Duas palavras são centrais: *hiato* e *separação*. A potência destituinte de Junho pode ser encontrada aí, na evidência do hiato de toda antinomia e a suspensão de toda separação, de toda "catraca" transformada em modelo de divisão na cidade.

Essa abordagem se vincula a Raquel Rolnik, que diz: "contra esse modelo baseado em estruturas verticais e centralizadas, movimentos como *Occupy* e outros propõem formas horizontais de decisão, sem personificação de lideranças nem comando de partidos e comitês centrais" (2013, p. 12). Ou ainda, como sinaliza o próprio MPL:

> num processo em que a população é sempre objeto em vez de sujeito, o transporte é ordenado de cima, segundo os imperativos da circulação do valor. Dessa forma, a população é excluída da organização de sua própria experiência cotidiana da metrópole, organização essa que se realiza principalmente pelo sistema de transporte, o qual restringe a mobilidade ao ir e vir do trabalho e coloca catracas em todos os caminhos da cidade. E, no momento que se fortalecem as catracas, as contradições do sistema tornam-se evidentes, suscitando processos de resistência (MPL, 2013, pp. 13–14).

Com a realidade de cidades divididas, construídas desde a lógica da exceção, reforçam-se as desigualdades. Assim — com a vida permeada por catracas — hierarquiza-se o modo de habitar a cidade, de viver as relações e a capacidade de ocupar o, chamado, espaço público, com a presença permanente de corpos negados em vidas precárias. Diante destes contextos e das práticas políticas institucionais que em quase nada dialogam com as novas experiências de movimentos sociais, abre-se a necessidade de reinvenção e resistência. Talvez aqui esteja um papel fundamental do MPL, mostrar "nas ruas que a gestão dos transportes não tinha a ver com planilhas; tinha a ver com disputa, com relações de força, ou seja, com política" (MORAES, 2018b, p. 41). Aqui está o erro da *política transformada em técnica*, como mostrei em outro capítulo. Ou em São Paulo ou em Recife, vemos que o sentido da política não se restringe à manutenção das estruturas postas, sejam elas de organizações políticas (partidos, movimentos sociais) ou de leituras e compreensões da (dita) realidade, mas a construção daquilo que *não há*, baseando-se na arte de criar novos modos de se exercer o político, orientando-se para a liberdade (ARENDT, 2002, p. 117).

Segundo Hannah Arendt, o sentido da política é a liberdade, e ela só é possível diante de um milagre, essa capacidade de "poder iniciar", fazer nascer novos começos. Arendt é ainda mais direta quando escreve: "sempre que ocorre algo novo, esse novo acontece de modo inesperado, imprevisível e, em última instância, inexplicável de um ponto de vista causal, passando a figurar como um milagre na conexão dos acontecimentos previsíveis" (2002, p. 120). São iniciativas humanas, contingentes, que possibilitam o surgimento de outras iniciativas humanas e de novos processos. Não numa linearidade causa-e-efeito. Mas como uma "irrupção". Junho pode ser colocado aqui como uma espécie de "milagre" que instaura novos inícios. A pergunta pelo "sentido da política" — que move Arendt e também move as ocupações como Estelita — deságua na possibilidade desses "milagres" da rua. E enquanto esses corpos da cidade "puderem agir, são aptos a realizar o improvável, e o imprevisível e realizam-no continuamente, quer saibam disso, quer não" (ARENDT, 2002, p. 122).

Ao olharmos para Junho, vemos um movimento que não é apenas vivido no Brasil. Várias insurreições aconteceram pelo mundo. A crise financeira de 2008 nos EUA e na Europa e os diversos protestos e movimentos decorrentes deste cenário; os levantes populares que marcaram a Primavera Árabe, os Occupy, os atos na Rússia, em 2011, as manifestações espanholas e gregas e vários outros processos apresentam-se como um novo ciclo político (MORAES, 2014, p. 10). Milagres. No contexto brasileiro, insurreições populares não são um tema novo. O que muda em 2013 é o cenário em que surgem e como acontecem, nada previsíveis e com uma relação profunda com as redes digitais. O país passava por um importante processo de inclusão socioeconômica, resultado das decisões políticas que marcam o *lulismo* (SINGER, 2010). A inclusão pelo consumo e a distribuição de renda, sinais do "desenvolvimentismo" — sem uma nova cultura política e a presença de uma crise de representatividade —, tornam-se o terreno para rebeliões. O estopim, como sabemos, foi o aumento das tarifas do transporte coletivo nas grandes cidades: Goiânia, Natal, Porto Alegre, São Paulo e Rio de Janeiro. Mas outros acontecimentos marcaram 2013. Jean Tible enumera alguns:

> Outro ponto forte de Junho e em geral pouco enfatizado: o número de greves estoura segundo o Dieese: de 877 em 2012 para 2050 em 2013 (maior número desde o início da contagem nos anos 1980) e também tocando setores geralmente menos propensos às greves: indústria da alimentação, segurança, limpeza urbana... Assim como os aumentos nos transportes foram revogados em mais de cem cidades, era possível reivindicar e ganhar em outros setores e pautas. As comportas se abriram, ou melhor, foram abertas. Não podemos esquecer dos "loucos dias" de Junho, quando tudo parecia fugir — e fugia — de qualquer controle: tomada do Congresso em Brasília, da ALERJ no Rio, o apoio aos protestos com vandalismo por parte dos espectadores do programa do Datena... (TIBLE, 2018b).

Tudo está relacionado. Milagres por toda parte? As greves espalhadas pelo Brasil, a ocupação do Congresso feita pelos povos indígenas, os comitês populares da Copa e tantas outras mobilizações e seus rastros políticos ampliam as leituras e possibilidades dos acontecimentos de Junho. Junho de 2013 apresenta essas *polifonias* e *querências* do político, uma proliferação de histórias diferentes, diversos rostos, para além da política do "ser a voz dos sem voz". Isso implicou na articulação de um "sistema-rede", com uma mobilização de atores e atrizes distintos (coletivos, pessoas, movimentos e organizações tradicionais) em uma experiência de desconstrução, com a vivência de novos espaços políticos, entrelugares de negociação e diferença. De algum modo, há aqui, nesses acontecimentos, uma abstenção do trabalho, da lógica produtiva que resultaria diretamente em desdobramentos institucionais. Junho parece, portanto, traspassar e atravessar o horizonte da incidência pública, em um fazer-político marcado — como nos diria Giorgio Agamben — pela "inoperosidade e a descriação". O movimento não é apenas incidir no "Estado", mas mostrar a *separação*, o símbolo da catraca colocado entre as pessoas e "as instâncias burocráticas da decisão política".

## A CATRACA COMO *DISPOSITIVO* E A PROFANAÇÃO COMO UM *JOGO*

Sabemos que, para Agamben, o dispositivo é tudo aquilo que tenha "a capacidade de capturar, orientar, determinar, interceptar, modelar, controlar e assegurar os gestos, as condutas, as opiniões e os discursos dos seres viventes" (2009, p. 41). A "catraca" é um dispositivo desse modo. Nesse sentido, captura, determina, orienta, controla e funciona, também, como uma "máquina bipolar" — assinada teologicamente, especialmente desde a *oikonomia* trinitária. Ou, melhor: a *bindade* teológica e o governo do mundo. Por ser assim, a catraca como dispositivo é "uma máquina que produz subjetivações e somente enquanto tal é também uma máquina de governo" (AGAMBEN, 2009, p. 46). Ela evidencia o cidadão e o seu direito ao transporte. Aqui temos um problema. Dirá Agamben, um "momento dessubjetivante estava certamente implícito em todo processo de subjetivação" (AGAMBEN, 2009, p. 47). O "eu penitencial" — na confissão analisada por Foucault — se faz na medida em que o sujeito se nega. Sujeição e dessubjetivação estão vinculadas e formam um "novo sujeito" *espectral*.

Quando assumo a catraca como um dispositivo, a aponto como uma "maquinaria" — ao mesmo tempo em que é acesso, é também obstrução. Ao mesmo tempo em que se coloca como possibilidade, é também a radicalização extrema dos "processos separativos que definem a religião". O exemplo que Agamben traz pode nos ajudar. Aquele que se deixa capturar pelo "dispositivo do aparelho celular", ao mesmo tempo que procura uma "nova subjetividade", é transformado em um número que, eventualmente, pode ser controlado (2009, p. 48). Na medida em que a catraca produz um "sujeito-cidadão" que usufrui de seu acesso ao direito de ir e vir, por meio de um "bilhete único" (como nas políticas de transporte na cidade de São Paulo), ela propicia a própria negação do sujeito, transformando-o em um código de acesso.

G. Deleuze apresenta uma leitura sobre essa noção de controle. No texto *Conversações* (2013), ele escreve sobre a distinção entre "a sociedade disciplinar" e "a sociedade de controle". Na primeira — desde M. Foucault — há "dois pólos: a assinatura que indica o indivíduo, e o número de matrícula que indica sua posição numa massa" (DELEUZE, 2013, p. 226). As disciplinas, ao mesmo tempo, massificam e individualizam. Na "sociedade de controle", por sua vez, "o essencial não é mais uma assinatura e nem um número, mas uma cifra: a cifra é uma senha" (DELEUZE, 2013, p. 226). O que me interessa aqui é a senha, que marca o acesso ou a rejeição. A catraca é desse modo. A "passagem" funciona como uma "senha" no mundo da tecnologia[4] e do capitalismo como "sobreprodução". Um capitalismo — segundo Deleuze — que deseja "vender serviços" e "comprar ações". "Já não é um capitalismo dirigido para a produção, mas para o produto, isto é, para a venda ou para o mercado. Por isso ele é essencialmente dispersivo, e a fábrica cedeu lugar à empresa" (2013, p. 228). Desse modo, não se está mais diante do par "massa-indivíduo". "Os indivíduos tornaram-se 'dividuais', divisíveis, e as massas tornaram-se amostras, dados, mercados ou 'bancos' " (2013, p. 226). As catracas são guiadas pelas "senhas". É "passando" por ela que se reafirma um sujeito. O processo se dá no *entre*. A passagem é uma autorização: quem entra e quem sai, quem está dentro e quem está fora. Essa é a sua função: limitar e selecionar. Penso que a leitura de Deleuze se aproxima da relação entre "subjetivação" e "dessubjetivação" de Agamben. Os indivíduos são *"dividuais"*. Sujeitos-dessubjetivados, por isso, "divididos" e capturados pelos dispositivos.

Talvez aqui faça ainda mais sentido essa grafia tão potente em Junho:

---

4. Sobre isso, Deleuze exemplifica: "Não há necessidade de ficção científica para se conceber um mecanismo de controle que dê, a cada instante, a posição de um elemento em espaço aberto, animal numa reserva, homem numa empresa (coleira eletrônica). Félix Guattari imaginou uma cidade onde cada um pudesse deixar seu apartamento, sua rua, seu bairro, graças a um cartão eletrônico (dividual) que abriria as barreiras; mas o cartão poderia também ser recusado em tal dia, ou entre tal e tal hora; o que conta não é a barreira, mas o computador que detecta a posição de cada um, lícita ou ilícita, e opera uma modulação universal" (DELEUZE, 2013, pp. 228–229).

Faixa utilizada em São Paulo. 7 de junho de 2013.
Foto: Raphael Tsavkko Garcia.

Uma vida sem catracas. Elas se transformam em símbolos da "religião" da cidade, que separa, divide e captura em sua *passagem*. A catraca pega fogo. As ruas a queimam. É a destruição de toda divisão, de toda seleção. Para que aprofunde a análise, é preciso explicitar a noção de profanação — que se relaciona diretamente com a inoperosidade e com a potência destituinte. A profanação se afasta da secularização em seu sentido clássico. Ambas — secularização e profanação — são distintas:

A secularização é uma forma de remoção que mantém intactas as forças, que se restringe a deslocar de um lugar a outro. Assim, a secularização política de conceitos teológicos (a transcendência de Deus como paradigma do poder soberano) limita-se a transmutar a monarquia celeste em monarquia terrena, deixando, porém, intacto o seu poder. A profanação implica, por sua vez, uma neutralização daquilo que profana. Depois de ter sido profanado, o que estava indisponível e separado perde a sua aura e acaba restituído ao seu uso. Ambas as operações são políticas, mas a primeira tem a ver com o exercício de poder, que é assegurado remetendo-o a um modelo sagrado;

a segunda desativa os dispositivos de poder e devolve ao uso comum os espaços que ele havia confiscado (2007, p. 68)

A profanação é um *jogo*. Não apenas transmuta e desloca forças — como na secularização, que mantém intactas as dinâmicas de poder. Profanar é desativar os dispositivos — como as catracas — e devolvê-los ao uso comum. É uma brincadeira com a separação entre sagrado e profano. Para entendermos esse processo, é necessário seguirmos a aproximação que Agamben constituirá com Émile Benveniste. "A potência do ato sagrado — escreve ele — reside na conjunção do mito que narra a história com o rito que a reproduz e a põe em cena" (AGAMBEN, 2007, p. 67). Ao ser jogo, a profanação brinca com essas marcações. De um lado, como *ludus* ou jogo de ação, "faz desaparecer o mito e conserva o rito"; do outro, como *jocus* ou jogo de palavras, "cancela o rito e deixa sobreviver o mito" (AGAMBEN, 2007, p. 67). Se pensarmos desse modo, a profanação é uma "brincadeira" com usos e reusos dos *mitos* e dos *ritos*. Um exemplo — dado pelo próprio Agamben — são as "crianças, que brincam com qualquer bugiganga que lhes caia nas mãos, transformam em brinquedo também o que pertence à esfera da economia, da guerra, do direito e das outras atividades que estamos acostumados a considerar sérias" (2007, p. 67). Falamos de novos usos. Uma panela que se transforma em percussão, depois em chapéu. Uma calculadora que é colocada como um painel de elevador que, ao se apertar um número, podemos alcançar o andar do arco-íris. Tanta coisa pode ser dita sobre essa potência da infância. Inspirado no exemplo: é o "jogo com a *religio* que abre a possibilidade do uso. Dessa maneira, as potências da economia, do direito e da política, desativadas em jogo, tornam-se a porta de uma nova felicidade" (AGAMBEN, 2007, p. 67).

O problema é que estamos desaprendendo a jogar. O jogo como exercício profanatório está em "decadência". Nessa relação entre linguagem e profanação, encontro uma afirmação interessante no livro *Fogo e o relato*: "aquilo que a poesia realiza com o poder de dizer, a política e a filosofia devem realizar com o poder de agir" (AGAMBEN, 2018, p. 81). Em outro modo: Profanar a política e o "poder de agir" como a língua é profanada em seu "poder de dizer". Os acontecimentos de Junho possuem rastros profanatórios do agir. O primeiro a intuir sobre isso foi Silvio Mieli em um pequeno artigo, com o título "Black blocs", publicado no jornal *Brasil de Fato* em 23 de julho de 2013. Diz Mieli (2013): "É possível que o tempo das revoluções que experimentamos na modernidade tenha sido substituído pelas sublevações, quando o corpo social coloca-se em pé (insurge) através de uma série de atos profanatórios". Ele ainda nomeia os "dispositivos" profanados: "contra a sacrossanta propriedade privada e contra o Estado" (MIELI, 2013). Paulo Arantes pegará essa intuição e a desenvolverá no texto "Depois de junho a paz será total". Para ele, "a compreensão da insurgência que levantou o país como uma profanação se apoia na recuperação política da ideia mesma de profanação sugerida por Giorgio Agamben" (ARANTES, 2014, p. 390). Aqui encontro um lastro e uma conexão que favorecem a investigação e a procura pelos rastros desses "atos profanatórios".

O ponto é: o que antes era confiscado, separado, deve ser restituído ao seu uso comum, com novas possibilidades e novos usos. Nesse movimento de passagem, o exercício é encontrar e "prestar contas" do "resíduo de profanidade em toda coisa sagrada e uma sobra de sacralidade presente em todo objeto profanado" (AGAMBEN, 2007, p. 68). Quando pensamos no *homo sacer*, vemos esses resíduos. A "máquina do sacrifício" possui esses dois polos: sagrado e profano. É no jogo entre esses "espaços" que a "máquina pode assegurar a partilha do uso entre os humanos e os divinos e pode devolver eventualmente aos homens o que havia sido consagrado aos deuses" (2007, p. 69). O problema é que na "religião capitalista" esse movimento é mais complexo. As divisões entre sagrado/profano e humano/divino se tornam indiferentes. Não mais em instâncias estanques: sagrado e profano. A própria "coisa" que é dividida. Como na mercadoria, dirá Agamben, que a "separação faz parte da própria forma do objeto, que se distingue em valor de uso e de valor de troca e se transforma em fetiche inapreensível" (2007, p. 71). Estamos aqui no terreno dos "divisíveis" da "sociedade de controle" anunciada por Deleuze. A separação não segue fora. Ela acontece no próprio objeto. Corpos "dividuais" — não como indivíduos. Estamos na "fase extrema do capitalismo", na esfera do consumo e do espetáculo. Objetos divididos e marcados pela impossibilidade de *uso*, apenas fadados à exibição espetacular e à *posse*, criando algo "absolutamente improfanável". Como, então, profanar o improfanável?

Agamben se aproxima da Ordem dos Franciscanos no século XIII. Diz ele — em uma entrevista concedida à *Folha de S. Paulo* em setembro de 2005:

O que está realmente em questão é, na verdade, a possibilidade de uma ação humana que se situe fora de toda relação com o direito, ação que não ponha, que não execute ou que não transgrida simplesmente o direito. Trata-se do que os franciscanos tinham em mente quando, em sua luta contra a hierarquia eclesiástica, reivindicavam a possibilidade de um uso de coisas que nunca advém direito, que nunca advém propriedade. E talvez "política" seja o nome desta dimensão que se abre a partir de tal perspectiva, o nome de livre uso do mundo. Mas tal uso não é algo como uma condição natural originária que se trata de restaurar. Ela está mais perto de algo de novo, algo que é resultado de um corpo-a-corpo com os dispositivos do poder que procuram subjetivar, no direito, as ações humanas (AGAMBEN, 2005).

Os franciscanos — na busca da *"altíssima pobreza"* — buscavam um uso completamente desvinculado do direito, sem colocar o direito como marco, sem executá-lo ou ainda transgredi-lo. Inventar um novo uso para além do aparato jurídico, para além da "máquina de sacrifício" que combina numa antinomia sagrado e profano. Quando se fala em uso, na perspectiva franciscana, é preciso compreendê-lo "sempre em relação com o inapropriável, referindo-se às coisas enquanto não se podem tornar objeto de posse" (AGAMBEN, 2007, p. 72). Se estamos em guerra, quais serão as armas que utilizaremos? Cairemos na dimensão da propriedade — mesmo que *sacralizada* — fundada pelo direito? A criação de um novo uso, afirma Agamben, só é possível ao homem se ele desativar o velho uso, tornando-o inoperoso" (2007, p. 75). No livro *Altíssima pobreza* (2011), Agamben se interessa por compreender o monasticismo franciscano em sua relação entre "regra e vida" e sua constituição como "forma-de-vida". A regra e a vida entram em uma "zona de indiferença" "da qual não havendo a possibilidade de distingui-las elas deixam aparecer um terceiro, que os franciscanos, embora não conseguissem definir precisamente, chamarão, como veremos, de 'uso'" (AGAMBEN, 2014, p. 79). Como sabemos, a vida franciscana era marcada pela renúncia aos bens materiais e ao direito à propriedade, com uma opção pelo "simples uso das coisas". Uma tentativa de realizar um modo de vida, portanto, "absolutamente fora das determinações do direito" (2014, p. 116). Mas temos também um problema. Como pode — pergunta Agamben — "o uso — ou seja, uma relação com o mundo enquanto inapropriável — traduzir-se em *ethos* e em uma forma de vida?" (AGAMBEN, 2014, p. 147). Volta, aqui, a questão de *Opus Dei* e o "paradigma ontológico operativo" — vivenciado na liturgia e em seus processos de secularização.

A vitalidade do monasticismo só existiria se fosse possível manter a especificidade com respeito à liturgia eclesiástica — com o modo de efetualidade e ofício; e ao mesmo tempo instaurar uma "disjunção" entre a subjetividade do sacerdote e a eficácia de sua prática (AGAMBEN, 2014, p. 93). No fundo, o "movimento monástico" viveu a tensão entre dois rumos: um "para que a vida seja uma liturgia" e outro para que a "liturgia se transforme em vida"; de um lado, "tudo se faz regra e ofício" (a vida desaparece), do outro, "tudo se faz vida" (a lei e a liturgia parecem ser abolidas). De maneira sintética, essa tensão permanece no seguimento do movimento franciscano. Antes de uma aproximação desses diálogos com a profanação, interessa-me ainda indicar – desde Agamben — um limite e uma força do movimento franciscano. A força acontece na própria possibilidade de se provocar a inoperosidade do direito e da liturgia (como *ofício*), algo causado pelo uso do culto da altíssima pobreza, liberando, assim, "a forma-de-vida" de toda captura. O limite é que, nessa tensão anunciada, a literatura franciscana não definiu a noção de uso para além da contraposição ao direito e a sua demarcação da posse (2014, p. 154). Mas também restam dúvidas sobre as próprias respostas de Agamben. Daniel Nascimento organizou essas questões em três níveis:

1. Não se sabe com distinção se essa "forma-de-vida" pode ser pensada fora do contexto monástico;

2. Se ela serve de paradigma (como o *homo sacer*); e

3. Se a relação entre "forma-de-vida" e direito favorece um avanço na noção de inoperosidade, tão cara a Agamben (NASCIMENTO, 2014, pp. 59-61).

Vinculada a essas problemáticas, temos que a profanação não é o resgate de uma natureza perdida, um uso natural. Tomo o exemplo do gato que brinca com o novelo como se fosse um rato. Esse jogo com o novelo representa a "libertação do rato de ser uma presa, e é a libertação da atividade predatória do fato de estar necessariamente voltada para a captura e a morte do rato; apesar disso, ele apresenta os mesmos comportamentos que definiam a caça" (AGAMBEN, 2007, p. 74). A finalidade foi desativada, o meio se "libertou" do seu fim. Aqui temos o novo uso — a liberação de um "meio puro". O que me faz pensar diante das dúvidas de Daniel Nascimento é essa afirmação de Agamben: "Nada é, porém, tão frágil e precário como a esfera dos meios puros. Também o jogo, na nossa sociedade, tem caráter episódico, depois do qual a vida normal retoma seu curso (e o gato a sua caça)" (AGAMBEN, 2007, p. 75). A profanação ou a forma-de-vida como desativação do direito e da liturgia, nesse sentido, tem "caráter episódico"? Falamos de instantes de irrupção profanatória? Penso que sim. Instantes de liberação da "potência do não" de todo ato, do profanável de tudo que se coloca como improfanável, o inapropriável em toda apropriação. A "religião capitalista" — como "religião do desespero" — parece abarcar tudo. Um discurso de totalidade. Mas o erro é aceitarmos essa provocação. Ainda há jogo.

Nesse ponto, é preciso resgatar a segunda parte da entrevista que Agamben concedeu à *Folha*: o *uso* "está mais perto de algo de novo, algo que é resultado de um *corpo-a-corpo com os dispositivos do poder* que procuram subjetivar, no direito, as ações humanas (AGAMBEN, 2005. Grifo próprio). Interesso-me pelo "corpo a corpo". Corpos na rua, corpos lado a lado, corpos clandestinos jogando com os dispositivos, jogando com as "senhas" e as operações "*dividuais*". Ao possuir instantes — como rastros — profanatórios, Junho mostra-se potente em sua destituição. Por isso concordo com Paulo

Arantes: os acontecimentos de Junho foram *"profanações cometidas por gente sem nome que não está nem pedindo para sair nem aceitando as porradas da vida"* (ARANTES, 2014, p. 400). Para evidenciar esses instantes profanatórios, escolhi a foto de um "catracaço" em Florianopólis.

"Catracaço" em Florianopólis. 4 de julho de 2013.
Foto: Eduardo Valente.

Os atos de Junho surgem como um acontecimento que, não se confundindo com uma estrutura de poder ou sistema de governo, mostram-se como uma força que irrompe diante de uma lógica de cidade permeada por dispositivos. Narrar Junho pode visibilizar *novos usos* da política: as poéticas públicas em Brasília, a cavalaria que andou de ré em Belo Horizonte, a juventude em redes nas ruas de Curitiba e Porto Alegre, o Junho em Florianópolis, o #OcupeOCocó em Fortaleza, o #OcupeEstelita em Recife, o Junho preto e favelado que ocupou as ruas do Rio de Janeiro, a revolta popular em São Paulo e a ponte ocupada em Vitória (Cf. MORAES, 2014). Junho é processo de desejos e de afetos *destituintes*, com a ocupação e reinvenção de espaços urbanos (pular a catraca, queimar símbolos do "poder", construir saraus nas periferias e produções culturais marginais, evocar os corpos em liberdade...). O "corpo a corpo" eleva a catraca a grau de "brinquedo". Antes, a obrigatoriedade da senha para a passagem — que faz o cidadão, mas também o sujeita. Agora, o corpo se coloca para além da catraca-dispositivo. Um jogo corporal de vários modos. O corpo disciplinado a seguir a regulação da "porta" que media espaços e possibilidades de movimentação agora se coloca em várias posições — na cidade, no ônibus, nos terminais. O "catracaço" em Florianópolis é um exemplo. Um instante profanatório em que a catraca é liberada do seu "fim-senha" e o corpo liberado do "sujeito-cidadão" — nomeado pelos acordos da lei e do direito. A passagem pela catraca não é mais uma autorização. O pulo — de algum modo — refaz o *rito* cotidiano de atravessar a "porta", mas esvaziando dele o *mito* do sacrifício que o sustenta, com a necessidade da seleção de quem pode habitar e quem não pode habitar a cidade. Esse é um novo uso *cômico*, diria Rodrigo Bolton, por escancarar a nudez da "maquinaria", o seu vazio, a "anarquia interna ao poder". Aqui, pode-se abrir um campo do uso *comum* — "a vida como potência", abandonando a noção de *posse* que marca a vida na sacralidade.

Como afirmam Alana Moraes, Bernardo Gutiérrez, Henrique Parra, Hugo Albuquerque, Jean Tible e Salvador Schavelzon, em um texto coletivo:

Junho parou máquinas da política que pareciam imutáveis. Junho teve consequências concretas no sistema político e na multiplicidade de projetos políticos locais que terão presença na política brasileira por décadas. Além disso, Junho afetou de forma irreversível a gramática da produção de consensos, acelerou a reflexão sobre a urgência de uma política mais distribuída, alterou a rota segura e impávida da narrativa desenvolvimentista do crescimento, produziu doses intensas de desenfeitiçamento. Junho emergiu como um dispositivo disruptivo que quebrou o relato político e social prévio sem destruí-lo completamente. Junho também se insere em narrativas anteriores, como a de que Junho é pedir para avançar mais a partir do já feito. Mas Junho não emerge como uma meta narrativa rígida e categórica. O novo relato é um mosaico de fragmentos, de micro-utopias conectadas, de indignações distribuídas, de sonhos prévios, de novas sensibilidades. A multidão, transbordando as fronteiras do institucional, questionou o consenso, a *realpolitik* do pemedebismo como única política do possível (MORAES, 2014, p. 16).

O que foi separado por meio do rito, ritualmente pode ser restituído ao profano: "basta que os participantes do rito toquem essas carnes para que se tornem profanas e possam ser simplesmente comidas. Há um contágio profano, um tocar que desencanta e devolve ao uso aquilo que o sagrado havia separado e petrificado" (AGAMBEN, 2007, p. 66). Se os rumos da política, inclusive sobre a divisão das cidades e construção de seus muros e catracas passam a ser decididos apenas nos espaços separados e sagrados da "política institucional", tocar as decisões, suspeitar delas e trazê-las para a vida cotidiana torna-se um jogo ritual que vê o fazer-político acontecer no *uso comum*.

E quem faz isso, quem profana? Os corpos sem nome que brincam com as separações na política, sem cancelá-las ou aboli-las diretamente, mas dando a elas um novo uso e significado. Se, de algum modo se esperava, diante dos acontecimentos de Junho, um aceite da institucionalização — a eleição de líderes e a entrada e pertença ao lugar "sagrado" e desejado dos palácios —, a rede parece ter resistido e se desfeito diante das "tentativas apressadas de desconfigurá-la. Uma vez com vida, ela não deixaria de tecer articulações e incluir nós horizontais em sua trama" (MORAES, 2014, p. 20).

# A subjetivação e dessubjetivação
## O agir qualquer

A dinâmica explicitada por Raquel Rolnik, relacionada à governança neoliberal, se aproxima da "guerra infraestrutural" anunciada por Achille Mbembe em relação às ocupações coloniais. A impossibilidade de se mover, a impossibilidade de viver evidenciam que a governança neoliberal — na articulação Estado e mercado — é uma forte marca da necropolítica. Se pensarmos desde os conceitos importantes para Agamben, veremos na cidade a operação de uma "máquina governamental". Ao mesmo tempo tem-se a produção da *vida nua*, essa vida abandonada; e a geração de *sobreviventes*. Uma operação permanente que articula a soberania, numa "cidade-de-exceção"; e a governamentabilidade, numa "cidade-empresa". Do cidadão de uma *pólis* feita de "iguais", temos a produção do *homo sacer*, essa figura excluída de maneira includente e incluída de maneira excludente na vivência do "público". E mais, temos o cidadão transformado em um "sujeito-empresa", empreendedor de si mesmo. Penso ter explicitado esses processos ao longo do livro. Agora, desejo aprofundar a relação entre *subjetivação* e *dessubjetivação* nos acontecimentos de junho de 2013. Sigo em três momentos. O primeiro deles é a explicitação dessa dinâmica de se fazer e se desfazer sujeito. No segundo momento, aproximo-me da noção de *qualquer* em Giorgio Agamben. E, por fim, apresento dois "exemplos" *destituintes* das "identidades".

### A CIDADE DE «ENSAMBLAGENS» E A PRODUÇÃO DE (DES)SUBJETIVAÇÕES

Agamben, ao falar sobre as metrópoles, afirma que, para entendê-las, "é necessário compreender o processo que progressivamente levou o poder a assumir a forma de um governo dos homens e das coisas, ou, se vocês preferirem, de uma economia" (2006). Esse é o exercício que tenho feito. O que me interessa, agora, é compreender que a "metrópole é o dispositivo" — ou "o conjunto de dispositivos" — de captura de subjetividades e, assim, aprofundar a investigação sobre a interação entre o sujeito e a cidade. Nessa conjunção, o "poder" assume a forma de um governo. E, como *oikonomia* — marcado com um poder imanente, não transcendente —, é possível entendê-lo não simplesmente como domínio e violência, mas "uma configuração muito mais complexa do poder que pretende passar através da própria natureza dos governados e que, portanto, implica a liberdade destes" (2006). Desdobrando essa intuição, estamos diante de um outro paradigma para se pensar a cidade. Não mais como política (na noção de *pólis*), mas como territórios constituídos — numa *biopolítica da sobrevida* — por "um processo de '*des-politização*', cujo resultado é uma curiosa zona na qual não é possível decidir o que é privado e o que é público" (AGAMBEN, 2006).

Na prática do governo, aproximando-se de Michel Foucault, Agamben retoma os exemplos da "lepra" e da "peste". Essa retomada favorece a análise da cidade orientada por dois paradigmas: o "paradigma da exclusão" (lepra) e o "paradigma das técnicas disciplinares" (peste). Os dois atuam em convergência. De um lado, desde a lógica excludente, temos o processo de classificação e diferenciação, por exemplo, "doente/sadio, louco/não-louco, normal/anormal; e do outro lado, ao contrário, toda a complicada série de repartições diferenciais de dispositivos e de tecnologias que subjetivam, individualizam e controlam os sujeitos" (AGAMBEN, 2006). No entanto, Agamben vai além quando retoma que a cidade é "um dispositivo ou um grupo de dispositivos". Desde e para além de Foucault, Agamben se interessa em pensar a cidade como esse processo de *subjetivação*, que é resultado "do corpo-a-corpo dos indivíduos e dos dispositivos". Uma experiência de captura dos viventes (*zoé*) no terreno da governança de uma vida política (*bíos*). Como dito em outro momento, esse movimento de subjetivação é marcado por dois processos: "de um lado, assunção de uma individualidade e de uma subjetividade, de outro, sujeitamento a um poder externo" (AGAMBEN, 2006). As identidades na cidade são marcadas por esse duplo procedimento. Algumas "categorias" que conhecemos evidenciam essa dinâmica.

Um exemplo: Verónica Gago estuda — em seu livro *La razón neoliberal: economias barrocas y pragmática popular* (2014) — três histórias da cidade de Buenos Aires: a feira de La Salada (a maior da América Latina), as fabricas têxteis clandestinas e uma *vila* conhecida como 1-11-14. Essa *vila*, como uma "favela", é "uma cidade dentro de outra cidade?", pergunta a autora. Como uma resposta, ela indica que a *vila* é "parte constitutiva da cidade ao mesmo tempo em que é posta como seu fora radical" (2014, p. 232). Esse território é habitado majoritariamente por migrantes, como bolivianas e bolivianos de El Alto. Aqui temos o dilema. Há na *vila* uma "política do lugar", com o reconhecimento do espaço territorial, como promotor e articulador de demandas, com dinâmicas organizativas locais e como um lugar de "enunciação" (GAGO, 2014, p. 241). Um espaço de mobilização, força comunitária e de subjetivação. No entanto, esse mesmo espaço territorial é projetado dentro de uma cidade como "forma de resistir ao confinamento", como narra uma das pessoas dessa *vila*: "incomoda muito que um estrangeiro esteja lutando por coisas. Eles (políticos e funcionários) acham que estamos lutando apenas pelos nossos compatriotas, o que não é o caso. Nós lutamos 'em geral', a luta é geral" (Citado em GAGO, 2014, p. 241).

Quero aprofundar um pouco mais as discussões trazidas por Verónica Gago em relação à noção de "monstruosidade". Existe um problema na *vila* 1-11-14 em relação ao Estado. Evidente. Há um "imaginário" que a *vila* é "monstruosa". A explicação se deve a três motivos:

1. A proliferação de dinâmicas econômicas sustentadas na força de trabalho e sua caracterização "monstruosa" e inadequada frente a um modelo nacional neodesenvolvimentista;

2. A cidade ganha uma marca desastrosa graças à arquitetura de vilas como a 1-11-14, com "deformação e depreciação urbana"; e

3. Tem-se na *vila* uma "monstruosidade" da fala de quem a habita, mesclando línguas não nacionais, com atividades informais e "ilegais" que desafiam as normalizações (GAGO, 2014, pp. 244-245).

O "monstro", aqui, parece se colocar para além da antinomia moderno e não moderno. Joga-se com essas "expectativas". Joga-se inclusive com o Estado e as tensões entre ficar e partir. A *vila* 1-11-14 é uma marca de uma cidade de "ensamblagens" e de agenciamentos pouco excludentes e nada binários, que constroem espaços de uso *comum* para além da tensão entre o privado e o público.

Esse conceito de "ensamblagem" é explicitado a partir da análise da feira La Salada. Como definição, citando Aihwa Ong, Gago escreve: a ensamblagem é essa "articulação interminável, contingente e mutável de um conjunto de elementos altamente heterogêneos (tecnologia, territórios, populações, modos de produção econômica) que está na base da constituição do capital global contemporâneo" (2014, pp. 53-54). Podemos pensar essa conjunção em pequenos territórios e em práticas pontuais, mas a sua potência está em combinar práticas territoriais e fora dos territórios, em dinâmicas materiais e imateriais. Assim, novas combinações são possíveis, entre elementos globais e nacionais, com ordenamentos espaço-temporais diferentes, a criação de zonas de intervenção em que não há regras muito bem definidas, a produção de novos atores e atrizes e, por fim, pode-se inventar — num rearranjo de capacidades — novas lógicas de organização (GAGO, 2014, p. 54). Esses processos produzem outras e novas subjetividades heterogêneas vivenciadas desde o "vetor do movimento" e das "dinâmicas de desterritorialização". Por isso, próximo a Deleuze, *"a ensamblagem é uma lógica relacional (não substancial)"* (GAGO, 2014, p. 55). Fala-se, então, de "simbiose", de alianças, de "contágios", de "epidemias". Interessa aqui as "lógicas de funcionamento" na feira de La salada, nas fabricas têxteis clandestinas e na *vila* 1-11-14. Mas também na própria "metrópole" e na produção de subjetividades. Funcionamento não tem a ver com os essencialismos das substâncias. Ao ser desse modo, a "identidade" de uma "ensamblagem" é resultado de um processo de territorialização e codificação e de desterritorialização e decodificação. Dito de outro jeito, o "estatuto ontológico" da "ensamblagem" é sempre singular e um "espaço de possibilidades" e oportunidades inventadas nas interações (GAGO, 2014, p. 56-57).

Não estamos próximos das noções de Giorgio Agamben em relação à "potência destituinte", à subjetivação e à dessubjetivação? Podemos compreender a "ensamblagem" como um jogo de combinações para a liberação da potência de agir. Por isso, dirá Agamben: "parece-me que um verdadeiro confronto com os dispositivos metropolitanos será possível somente quando penetrarmos nos processos de subjetivação, que naqueles estão implicados, de um modo mais articulado e mais profundo" (AGAMBEN, 2006). Se a cidade — repleta de dispositivos — procura capturar subjetividades, o "brinquedo" que combina funcionamentos pode nos levar a atingir a "ingovernabilidade" — "o ingovernável sobre o qual pode fracassar o poder na sua figura de governo; e este ingovernável é também para mim o início e o ponto de fuga de toda política" (AGAMBEN, 2006). Se a subjetivação — de modo duplo — é se assumir sujeito e ao mesmo tempo ser sujeitado, a dessubjetivação é o deixar-se perder, se desfazer, deixar-se acabar. Combinações nas cidades, barrocas e "monstruosas", subjetividades "monstruosas" e esgotadas. O corpo deixa rastros que "evaporam". Saídas das capturas políticas? Peter Pál Pelbart diz que temos aqui uma outra "gramática da existência": "existências possíveis, estados virtuais, planos invisíveis, aparições fugazes, realidades esboçadas, domínios transicionais, inter-mundos, entre-mundos" (PELBART, 2016, p. 417). Bricolagens de nossos corpos, rumos, práticas. Combinações, descombinações. Redes e conexões que chamam outras redes e conexões. Fazer e desfazer. Mas também existem as saídas pragmáticas para a organização da vida cotidiana. Trabalho. Tem algo na metrópole que "pede" a sujeição mínima. A questão *é* o jogo. O problema é como combinar, como se desfazer. Vimos que as irrupções são provisórias e nos deslocam para outros processos. Quais *usos* possíveis — do *corpo* e da *rua* — na metrópole?

## QUALQUER: O «SER QUE VEM»

O problema anterior me leva ao conceito de "qualquer" em Agamben. No texto *A comunidade que vem* (2001), nosso autor apresenta a seguinte definição: "o ser que vem é o ser qualquer" (2013a, p. 9). Sabemos do interesse de Agamben em *"pensar o impensado"* — como tão bem gosta de recordar Rodrigo Bolton (2017) —, por isso, se debruça para pensar uma *política que vem*. Nas palavras de Castor Ruiz, essa "política" não é apresentada por Agamben como um projeto ou uma espécie de "novo manifesto", "*a política que vem* é sinalizada pelo autor como uma espécie de horizonte de impossibilidade, na linguagem de Derrida" (RUIZ, 2018, p. 15). A política como o impensado na potência do próprio pensamento. A impossibilidade, aqui, não se refere à interpretação do fazer-político como algo "absurdo", "impossível". A *política que vem* — "não mais deve ser identificada com a arte, maquiavélica, de conquistar o poder e nele se manter, senão como o acicate permanente de agir politicamente para além de todo poder. O poder não é meio nem fim, ele é território de transição na ação política" (RUIZ, 2018, p. 15). Na mesma lógica, o "ser que vem" também está no horizonte da impossibilidade. Pensar os impossíveis, eis a tarefa que Agamben nos desafia agora.

Ao olharmos com detalhe o termo *qualquer*, temos múltiplas possibilidades de interpretação. Em uma "nota da tradução" referente a essa palavra, vê-se que no texto original, em italiano, o termo é dito de modos distintos *qualunque* e *qualsivoglia* (2013a, p. 9). O *qualunque* (qualquer) é *qual-si-voglia* (qual-se-queira). Em português, o pronome "qualquer" tem uma estrutura morfológica semelhante ao italiano *qual-si-voglia*: "qual + quer". Interesso-me por essa definição: um "qualquer... que se queira", que "contém sempre uma referência ao desejar (*libet*), o ser qual-se-*queira* está em relação original com o desejo" (AGAMBEN, 2013a, p. 10). Voltamos ao espaço da "pura potência" em que a singularidade é uma "singularidade qualquer". Não na ideia de um singular diante de um "universal" como uma propriedade comum (ser francês, ser muçulmano). Desse modo, como "pura potência", "o ser-*qual* é recuperado do seu ter esta ou aquela propriedade, que identifica o seu pertencimento a este ou aquele conjunto, a esta ou aquela classe" (AGAMBEN, 2013a, p. 10). Recupera-se o "ser-*qual*" para o seu próprio pertencimento, para ser "qual-se-*queira*". Pura possibilidade.

Essa discussão se vincula a outro tema presente na *comunidade que vem*: a ética. Agamben afirma: "o fato do qual deve partir todo discurso sobre a ética é que o homem não é nem há de ser ou realizar nenhuma essência, nenhuma vocação histórica ou espiritual, nenhum destino biológico" (AGAMBEN, 2013a, p. 45). Aqui, segundo o nosso autor, há a possibilidade da ética, há a possibilidade de *habitar* o mundo. Se falamos em um *"dever-ser"* essa ou aquela substância, não falamos mais de ética — diz Agamben — mas de "apenas tarefas a realizar". De modo pragmático, vamos acontecendo de um ou outro modo, sendo algo. Para me dizer, me "territorializo". Mas ao ser "aberto", não me reduzo a esse "destino". O ser humano é o *"simples fato da própria existência como possibilidade e potência"* (AGAMBEN, 2013a, p. 45). Ao resgatarmos as reflexões sobre Aristóteles, vemos a "potência do não", a nossa própria impotência presente no *ato*. O *qualquer* é o esvaziamento como toda possibilidade de poder e *poder-não*. Recordo-me de um curso com Peter Pál Pelbart,[1] "Tempo e criação". Na primeira aula, ele apresentou alguns mitos cosmogônicos. Um me chamou a atenção. Ele vem do Talmude. Para criar o mundo, Deus precisou dar espaço para que o mundo aparecesse, precisou se retrair, refluir. O gesto de criação tem mais relação com o desaparecimento do que com o comando e a ordem. Esse criar não é uma omissão. É retração — com a importância do silêncio. Deus tem a coragem de sumir, de destituir-se para que outra coisa seja possível. É a "impotência como potência".

Em *As existências mínimas* (2017), David Lapoujade caminha em uma direção semelhante a essa narrativa. Ao analisar os *"despossuídos"*, o autor escreve: como o direito de existir não é mais "atribuído por um fundamento soberano, é preciso conquistá-lo por outros meios. Mas o que acontece quando estamos totalmente despossuí-

---

[1]. Peter Pál Pelbart foi o professor de um curso — promovido pelo Colégio São Domingos, em 2019 — para professoras e professores da escola. O tema: "Tempo e criação".

dos do direito de existir segundo determinado modo?" (LAPOUJADE, 2018, p. 103). O problema é: "você tem o direito de existir, é claro, mas não dessa maneira, nem dessa outra maneira, nem de maneira nenhuma..." (2018, p. 103). Dentre tantos exemplos possíveis dados por Lapoujade, me aproximo do artista colombiano Oscar Muñoz. Na série das "fotografias", ele procura transformar as fotos em "espectros", para "criar hologramas, fazer reviver retratos-fantasma num sopro, num reflexo, ou então submeter as imagens fotográficas a um jogo de aparecimento/desaparecimento para desfazer a instantaneidade da tomada e sua 'realidade'" (LAPOUJADE, 2018, p. 117). Dentre as obras de Oscar Muñoz (1951-), para evidenciar os temas aqui colocados, selecionei algumas que integram a exposição "*Protógrafos*".[2]

As obras de Muñoz são suspensões do tempo e do espaço. "Dissolução, deterioração ou desintegração". Como no mito do Talmude: sumir, se destituir para que outra existência seja possível, em um "jogo de possibilidades" fantasmagóricas. Segundo Lapoujade, Oscar Muñoz "submete as imagens a uma modulação existencial onde o que importa é aparecer e desaparecer — através de uma exploração dos diversos modos de existência diferentes da imagem fixa" (LAPOUJADE, 2018, p. 117). Falamos em contornos dissipados, corpos-neblina, linhas fluídas, "ensamblagens" de si. Espectros. Rastros. Esvaziamentos. Movimentos delicados de quem se vai, vistos numa transparência opaca. Mistério. Narciso desfeito no espelho — que também escorre e se desfaz. Desaparecer para reaparecer.

---

2. Os curadores José Roca e María Wills Londoño escrevem: "Protógrafos (um termo cunhado para evocar o momento imediatamente anterior ou logo após essa fração de segundo quando a imagem fotográfica é capturada e congelada para sempre) apresenta sua série principal agrupada por temas. Esses temas poéticos e metafóricos justapõem o próprio passado de Muñoz e os diferentes estados do material da imagem. Por exemplo, combina a dissolução, deterioração ou desintegração da imagem com a inerente fragilidade da memória e a impossibilidade de fazer o tempo parar; ou a evaporação da imagem e transformação com a tensão entre racionalidade e caos em nossas sociedades urbanas. Finalmente, na parte principal de seu trabalho, ele cria imagens efêmeras que, ao desaparecerem, convidam o espectador a participar de uma experiência que é tanto racional quanto sensual" (2014). Essa exposição aconteceu em Paris (França) entre 03 de junho e 21 de setembro de 2014 na Galeria Nacional Jeu de Paume.

*Narciso*, 2001. Oscar Muñoz. Vídeo 4/ 3, cor, som, 3 min.

Fazer existir. A "apropriação do inapropriável". Em toda foto "congelada para sempre", a sua efemeridade, a sua "evaporação". Desse modo, numa experiência estética e política, abre-se a possibilidade e impossibilidade de ser "*qualquer... que se queira*".

## O «SER-NINGUÉM» E OS BLACK BLOCS: *HÁ FUGA?*

Em 2013, Peter Pál Pelbart escreve um artigo no Jornal *Folha de S. Paulo* (19 de julho) que trará uma grande repercussão para essas

*Cortinas de Baño* — 1985-1986. Oscar Muñoz. Acrílico sobre plástico, 5 elementos, 190 x 140 cm e 190 x 70 cm cada, dimensões variáveis.

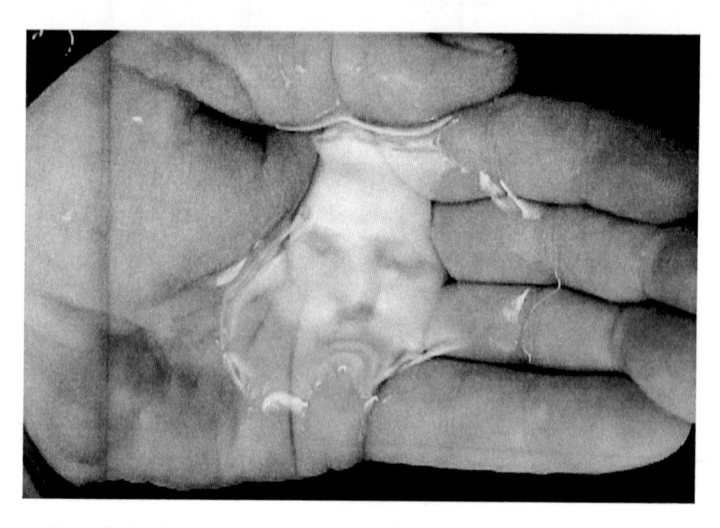

*Línea del destino*, 2006. Oscar Muñoz. Vídeo 4/ 3, preto e branco, sem som, 1 min 54 s.

A SUBJETIVAÇÃO E DESSUBJETIVAÇÃO

*El juego de las probabilidades*, 2007. Oscar Muñoz. 12 fotografias coloridas, 47 x 40 cm cada uma, com moldura

temáticas que agora desenvolvo. A sua referência é uma entrevista dada por uma militante do MPL nos atos de Junho. Na tentativa de "driblar as ciladas policialescas de repórteres que queriam escarafunchar a identidade pessoal de seus membros" (2013), ela diz ao jornalista: "Anota aí: eu sou ninguém". A interpretação dada por Pelbart é mediada pelo conceito de *qualquer* desenvolvido por Agamben. Ao se colocar desse modo, "com a malícia de Odisseu", ela "mostra como certa dessubjetivação é condição para a política hoje. Agamben já o dizia, os poderes não sabem o que fazer com a 'singularidade qualquer' ". A possibilidade de toda a possibilidade, como vimos. É uma "vertigem" tentar capturar um corpo *qualquer*, um corpo-ninguém. Em Junho, "falamos de desejos e não de reivindicações, porque estas podem ser satisfeitas. O desejo coletivo implica imenso prazer em descer à rua, sentir a pulsação multitudinária, cruzar a diversidade de vozes e corpos, sexos" (PELBART, 2013). E, nisso, "apreender um comum". Inventar um comum.

Silvia Federici, em *O feminismo e as políticas do comum* (2010), escreve que a ideia de "comum/comuns" proporcionou — em um contexto de desaparecimento do modelo estatal de revolução somado ao esforço neoliberal em tentar submeter todas as "formas de vida e de conhecimento à lógica do mercado" — uma "alternativa lógica e histórica ao binômio Estado/propriedade privada, Estado/mercado, permitindo-nos rechaçar a ficção de que são âmbitos mutuamente excludentes, que exaurem nossas possibilidades políticas, como se só pudéssemos optar entre um ou outro" (2017, p. 3-4). Seguindo essa inquietação, para além do privado e do público, a invenção do *comum*, dos *comuns*, que só pode ser possível se "nos recusarmos a basear a nossa vida e nossa reprodução no sofrimento dos outros, se nos recusarmos a ver um 'nós' separado de um 'ele' " (2017, p. 21). Nessa dinâmica, retomando a fala de Pelbart, talvez "outra subjetividade política e coletiva esteja (re)nascendo". Como ele escreveu, em 2013: "mais insurreta, de movimento mais do que de partido, de fluxo mais do que de disciplina, de impulso mais do que de finalidades, com um poder de convocação incomum, sem que isso garanta nada, muito menos que ela se torne o novo sujeito da história" (2013).

Vladimir Safatle, ao escrever sobre "quando as ruas queimam", também volta a esse episódio da entrevista: "anota aí, eu sou ninguém". "Como em Ulisses redivivo diante dos gigantes Polifemo que parecem vir atualmente de todos os lados, ela encontrou na negação de si a astúcia maior para conservar seu próprio destino" (SAFATLE, 2017, p. 6). A negação de si — ou *dessubjetivação*, na linguagem de Agamben — é um rastro destituinte de Junho. A destituição do "sujeito da história" e seus essencialismos revolucionários. O "eu sou ninguém" é potente contra os modos e dinâmicas de "visibilidade e nomeação". Essa afirmação é a forma contraída de: "eu sou o que você não nomeia e não consegue representar" (SAFATLE, 2017, p. 7). O corpo ali na rua não pode ser representado, não pode ocupar um "lugar" na lógica e na dinâmica política da cidade. Essa afirmação, aparentemente simples, de *ningueidade* coloca a existência diante da erosão da própria linguagem. Dirá Vladimir Safatle: "nós somos lá onde a linguagem encontra seu ponto de colapso. Na verdade, existir é colocar em circulação um vazio que destitui, uma nomeação que quebra os nomes" (SAFATLE, 2017, p. 7).

Mas essa dinâmica não é exclusiva dessa entrevista. Podemos encontrá-la também na "tática *black bloc*". Assumo essa prática, também, como a experiência de uma "singularidade qualquer". Bruno Fiuza, em *Black blocs, uma história* (2014), entende que "o *black bloc* não é uma organização permanente, mas sim" um bloco de militantes vestidos de preto e com o rosto coberto que se organizam temporariamente para proteger uma manifestação dos violentos ataques da polícia e realizar ações diretas de destruição de símbolos capitalistas" (2014, *posição* 302). Falamos, então, de corpos que constituem um "evento" e são como "uma força que se aglutina e se dissolve" contra símbolos "sacropolíticos" do capital e como um bloco de proteção diante de uma "polícia soberana". Corpo qualquer, alianças provisórias, rosto encoberto, negações de si mesmo. Há todo um trajeto histórico levantado por Fiuza em sua pesquisa. Desse percurso, me interessam, como um marco significativo, os atos em Seattle nos Estados Unidos, em novembro de 1999, durante manifestações contra a Organização Mundial do Comércio. Foi aqui que esses corpos de preto deixaram de ser apenas um instrumento de defesa contra a repressão policial e se assumiram também como um "ataque simbólico contra os significados ocultos por trás dos símbolos de um capitalismo que se pretendia universal, benevolente e todo-poderoso" (FIUZA, 2014, *posição* 484). Como vemos nessa fotografia tirada em um dos atos de junho de 2013, em São Paulo.

Agência do Banco Itaú, em São Paulo, 18 de junho de 2013.
Foto: Fernando Neto.

As articulações no Brasil começam em 1998, provocadas pelas experiências de Seattle e integrando diálogos para uma "Ação Global" contra a "globalização neoliberal". O primeiro dia de ação no país é 26 de setembro de 2000, marcado contra a reunião do Fundo Monetário Internacional em Praga. Conta, assim, Bruno Fiuza: "Neste dia, em São Paulo, um grupo de manifestantes atacou o prédio da Bovespa, o que gerou confronto entre policiais e ativistas. Na época o incidente não ganhou destaque na imprensa e o termo 'black bloc' não foi mencionado" (2014, *posição* 492). Em 20 de abril de 2001, outro ato ligado à Ação Global, também em São Paulo. Na avenida Paulista, contra a reunião da Cúpula das Américas, em Quebec, para a construção da Área de Livre Comércio das Américas (ALCA), aconteceram confrontos em frente ao prédio da Fiesp, depois na Caixa Econômica Federal e, por fim, na loja do McDonald's (2014, *posição* 507). Ao fazer essa breve retomada e analisar a projeção que essa tática ganha em Junho, Fiuza aponta uma chave para se entender a força dos "black blocs":

> Chegamos a um ponto em que a política institucional se deslocou de tal maneira dos anseios políticos da sociedade que a disputa eleitoral se tornou uma espécie de batalha surreal — adversários fechados em seus castelos em Brasília que perderam qualquer contato com o pensamento das pessoas de carne e osso. E quando o poder se torna impermeável aos desejos do povo, a única oposição verdadeira é a das ruas (FIUZA, 2014, *posição* 529).

Os *black blocs* são como reações da rua contra toda política distante das "pessoas de carne e osso". Articulações provisórias que fazem parte dos acontecimentos de Junho, que se colocam na metrópole para além das tentativas de subjetivação, de nomeação e visibilidade. Nesse processo, Murilo Correa é enfático: "se quisermos levar Junho a sério, é preciso levar o black bloc a sério e produzir um modo do pensamento que corresponda ao fenômeno" (CORREA, 2018). O problema: "não perguntar 'o que é o black bloc?', mas como o black bloc nos violenta a pensar? — já que pensar é a menos inata das atividades" (CORREA, 2018). Como funciona essa tática nas ruas? Para quais "fugas de toda política" elas podem nos arrastar? Concordo com Murilo Correa: para se chegar a uma resposta, é preciso não olhar apenas atrás das máscaras — um caminho significativo e interessante, como faz Esther Solano e outras autoras e autores no livro *Mascarados: a verdadeira história dos adeptos da tática black bloc* (2014) —, mas é "preciso tornar as máscaras mesmas um ponto de vista e, através dele, fazê-las falar" (CORREA, 2018). Um Junho de "potências destituintes" acontece nas profanações feitas pelos corpos de preto em sua potência e potência do *não* diante da eficiência da *realpolitik* ou da "participação social". Corpos de preto em seus desejos — "qualquer... que se *queira*" — contra todo símbolo da "religião capitalista" que a tudo quer regular e tomar. Estamos, pois, no terreno das singularidades abertas. Ou na linguagem de Deleuze & Guattari, no "*devir-black bloc*".

Murilo Correa assume esse conceito — em uma "filosofia black bloc" — e aborda alguns devires: o devir-ninguém, o devir-qualquer um, o devir-todo mundo. Em síntese, numa "sociedade de controle", um devir-ninguém assume a negação de si contra os poderes e as subjetividades constituídas, "devir ninguém que eles não querem que sejamos e apontá-lo precisamente contra os ninguéns em que eles nos transformaram" (CORREA, 2018). Um outro devir que interessa a Correa é o "qualquer um", que sai da negatividade das máscaras e panos pretos da *ningueidade*. Assim, "a antipolítica da rostidade, efetuada por um devir-ninguém, dá lugar a uma práxis dos corpos anarquistas, um devir-qualquer um" (CORREA, 2018). Encontros potentes dos corpos na rua, que, ao se afetarem, aumentam a "potência de agir" na cotidianidade com uma "aliança" de singularidades. Por fim, os "black bloc", como "terreno de experimentação política", abrem a possibilidade de um "devir-todo mundo", uma "linha de fuga" que não se reduz apenas aos corpos de máscara, mas cria possibilidades de relações, aproximações, conexões "em que o black bloc poderia compor com qualquer um; isto é, com *todo mundo*" (CORREA, 2018) em seus desejos e aberturas na metrópole.

# As alianças das *ruas*
## Coligações de corpos errantes

O "devir-todo mundo" é uma aliança nas ruas, das ruas. Uma aliança dos corpos de Junho. Paola Jacques, em *Elogio aos errantes: a arte de se perder na cidade* (2006), pensa o erro como uma ação elementar da experiência urbana. Tento interpretar os acontecimentos de Junho com esses olhares. Junho tem seus devires, seus deslocamentos atravessados em um "estado de corpo errante". Eu me recordo, por exemplo, do ato do dia 17 de junho (segunda). Estava no largo da Batata (São Paulo) e seguia sem saber bem para onde.

Depois de muito caminhar, percebi que estava em direção à "ponte estaiada". No percurso, me lembro da Avenida Faria Lima. Todos nós no asfalto, prédios empresariais imponentes, espelhados. Um "mundo moderno" diante da "monstruosidade" do corpo na rua. A sensação que tive era próxima à experiência religiosa das romarias — "uma liturgia com os pés". Seguia junto com outras pessoas. Corpos lado a lado. Cumplicidade entre desconhecidos. Palavras ditas. Conversas. Medo de alguma reação policial. Louvações. Mantras. Andei por lugares que nunca andaria, trajetórias que se colocam "fora do controle urbanístico". Era a dinâmica de um corpo que caminha e sente, em distintas apropriações, "com seus desvios e atalhos, e estas não precisam necessariamente ser vistas, mas sim experimentadas, com todos os outros sentidos corporais" (JACQUES, 2006, p. 119). A cidade foi lida pelo corpo e esse corpo — em relação com outros — escreveu ali uma "corpografia", uma "memória urbana no corpo, o registro de sua experiência da cidade" (JACQUES, 2006, p. 119).

Júlio Adam (2002), ao analisar a Romaria da Terra, diz: "sem o pano de fundo da *busca de espaço*, que caracteriza fortemente o contexto no qual a romaria acontece, perde-se o especial desta forma de liturgia e envereda-se rapidamente para a complicada instrumentalização-doutrinação através da liturgia (ADAM, 2002, p. 58). Em outro momento da sua investigação, ele dirá: "a romaria desperta nos seus participantes, tal como a Festa dos foliões, a visão da possibilidade" (ADAM, 2002, p. 65). Se resgatarmos as anotações de Agamben sobre a regra e a vida, de algum modo, não estaríamos próximos de um dos polos que marca o "movimento monástico" franciscano: "uma liturgia que se transforme em vida" e quando "tudo se faz vida" a lei e a liturgia — como *dever-ser* e *eficiência* — parecem ser abolidas? Penso que sim. A liturgia errante de junho pode ser uma abolição provisória — profanatória — do *ofício*. Um rito que esvazia a democracia da representação como "mito"; um mito de Brasil — como identidade nacional — vinculado ao rito vazio de uma política institucional. Jogos políticos em uma experiência de se perder na cidade, de habitar a rua, de viver na lentidão de um tempo-espaço inventados — contra todo ritmo veloz das metrópoles.

Em síntese, sobre a experiência da romaria, Júlio Adam diz:

*Liturgia como prática dos pés* não tem a ver, tão-somente, com o fato de a romaria ser uma liturgia caminhante. Os pés representam, aqui, uma inversão do ponto de partida. Ou seja, liturgia não é algo que se faz tão-somente com a cabeça, com ideias, com agendas litúrgicas, com notas musicais, com a tradição. Liturgia é feita com tudo isto, mas seu primeiro impulso está na busca daquilo que move as pessoas no seu dia-a-dia, no movimentar-se na procura de algo que falta, nos pés que dançam a vitória pelas coisas que Deus fez e faz em meio ao povo pobre, em meio aos últimos (ADAM, 2002, p. 68).

Foi assim que me senti em Junho. Uma vivência *mística* na busca de possibilidades, "paixões ingovernáveis" construindo novos espaços — na rua, no imaginário, na política. Paixões para "pensar o impensado", numa contaminação entre meu corpo e "o corpo da cidade". Uma experiência urbana de incorporação. Nesse processo, Paola Jacques assume um diálogo com Deleuze & Guattari sobre a "territorialização, desterritorialização, reterritorialização". Jacques, sobre isso, diz: a aventura "de se perder ou de se desterritorializar está implícita mesmo quando se está (re)territorializado, e é a busca desta possibilidade que caracteriza o errante" (JACQUES, 2006, p. 122). Em Junho, vive-se essa outra relação com o espaço, no erro do caminhar que desorienta e desterritorializa para reorientar. Como um nômade urbano, os finais da tarde de junho naquele ano possibilitaram, para mim, uma outra relação com a cidade: "desorientada, lenta e incorporada". Aqui, em um *novo uso*, a "cidade deixa de ser um simples cenário no momento em que ela é vivida, experimentada" (2006, p. 127). As fronteiras são borradas. Temos "*rolezinhos*" para além da velha noção política que separa público e privado, casa e rua. Como a grafia abaixo, as errâncias de Junho anunciam que "a rua é nossa casa" — com todos os sentidos que essas palavras podem ter. A rua-casa como símbolo de cuidado contra todo gás e *spray* de pimenta, com o estabelecimento de relações — mesmo que provisórias. A casa-rua como espaço da política que emerge de novas subjetividades coletivas.

A rua-casa é um espaço de acontecimentos e redes de afeto que se fazem de maneira performática e possuem um potencial de redistribuir o "sensível" e de especializar o tempo por meio de um fenômeno rítmico (SOREANU, 2014, p. 172). Quem aponta esse caminho é Raluca Soreanu. Ao analisar alguns protestos, ela procura discernir sobre "ritmos concêntricos na praça", com o interesse de iluminar "momentos de autonomia, reconhecimento e política pós-edípica. Desse modo, a forma política emerge, assim, sem referência necessária à Autoridade e à Lei do Pai (Razão, Ordem, o Estado, o Mercado" (SOREANU, 2014, p. 172). Especificamente, ela investiga os protestos na Romênia ligados à mobilização "Salve a Rosia Montana". A Rosia Montana é uma região montanhosa que corria o risco de ser transformada em uma mina de ouro a céu aberto e à base de cianeto. O projeto implicaria no remanejamento de 900 famílias, um empreendimento que reflete uma "política de consenso neoliberal que mescla interesses dos negócios e do governo" (SOREANU, 2014, p. 187). Em 11 de novembro de 2011, na principal praça de Cluj-Napoca, ativistas do Alburnus Maior organizavam uma "coreo-

Cartaz utilizado no Rio de Janeiro, 17 de junho de 2013.
Foto: Ricardo Beliel.

grafia de rua" com o nome de "Ocupe o seu corpo com cianeto", uma ação em defesa de Rosia Montana. Soreanu relata esse ato assim:

> Os participantes conheciam a coreografia de antemão: a sequência dos movimentos foi disseminada através de uma rede social baseada na internet, em blogs e sites. Cerca de 400 participantes foram até a principal praça em Cluj-Napoca, em um horário determinado, numa noite muito fria de inverno. Eles carregavam velas. Poucos usavam máscaras de políticos diretamente envolvidos na pavimentação do caminho para que a mina de ouro levasse seu projeto adiante. Os participantes mascarados distribuíram pastilhas que representavam cianeto. Num dado momento, as pessoas engoliram o "cianeto", acenderam suas velas e caíram pelo chão, onde permaneceram deitadas em silêncio por alguns minutos, no solo congelado. Uma encenação de suicídio coletivo. A praça foi transformada num cemitério gigante. Depois de alguns minutos, todos se levantaram e andaram quietamente em diferentes direções (2014, p. 189).

Diante de um capitalismo que se repete sem fim, em uma tempo-totalidade, acontece na praça a "descontinuidade, uma pausa, uma intervenção". Para Raluca Soreanu, essa experiência possui ritmos concêntricos. Um momento político em que ninguém fala ou se move, simulações da morte, encenações do cemitério que seria a região com esse empreendimento e seu cianeto (2014, p. 189). O tempo — três minutos — cria o espaço de uma praça "gesticulando por autonomia política". Corpos dos ativistas vinculados ao corpo da praça, atravessados pelo "cemitério" de Rosia Montana. "À medida que o falso veneno faz sua jornada pelos corpos, as violências de um sistema injusto tornam-se expostas, assim, como seus ataques à vitalidade da vida, que arrisca ser sacrificada por ideais de crescimento econômico" (SOREANU, 2014, p. 191). A performance na praça, dividida em distintas temporalidades, provoca uma política pós-edípica, uma "capacidade emergente de não responder ao senhor (na hipóstase da Razão, Ordem, o Estado, o Mercado), enquanto cria uma nova forma política" (SOREANU, 2014, p. 192). Emergências contra uma "máquina governamental" do esquema de uma *bindade* da providência. Para além da queda do Pai — reificado e personalizado — "uma mudança na relação entre uma forma política e seu entorno". Aqui o conceito de profanação de Agamben faz ainda mais sentido. Outro uso, outra relação, um jogo na praça. Instante inoperoso em que se assume uma "potência do não" diante da vida rítmica da "cidade-empresa", do "Estado-empresa". É a "pura possibilidade do desejo". Levantam-se diante do *vazio* de todo pai escancarado na suspensão do tempo, na recriação do "tempo como espaço", para além dos inúmeros assassinatos do pai e suas outras reconstituições. Desse modo, simulam "a morte para conseguir dez segundos de autonomia e dez segundos de reconhecimento" (SOREANU, 2014, p. 194), uma irrupção do *qualquer*.

Em Belo Horizonte (BH) temos uma experiência ligada aos acontecimentos de Junho que nos vinculam a essa "coreografia de rua" feita na Romênia. Falo da Ocupação Luiz Estrela, iniciada em 25 de outubro de 2013. Os acontecimentos de Junho nessa cidade ganharam linhas distintas. Passaram por vinculações entre suas ruas e o Gezi Park turco; as constituições de uma "assembleia popular horizontal" — que se modificava em suas metodologias e abrangências -; as ocupações de praças e da Câmara Municipal — que tinha "um piano colocado no jardim junto das barracas"; e aulas públicas (FOUREAUX, 2014). Por que essa ocupação — Luiz Estrela — me interessa?

Incluo o relato de Francisco Foureaux, em "A cavalaria andou de ré" (2014):

Naquela noite do dia 25, em outro canto da cidade, pessoas se encontraram e se fantasiaram. Como quem vai a um baile, uma bailarina, um palhaço, gente com asas. Rompeu a madrugada e o ônibus estacionou para o embarque da trupe. O destino ainda era secreto para alguns passageiros. Com as cortinas fechadas, por volta das 4 horas da manhã, madrugada do dia 26, na cidade vazia, o coletivo partiu com destino: Rua Manaus 348, Santa Efigênia. Na região conhecida como área hospitalar, ao lado do Primeiro Batalhão de Polícia do Estado de Minas Gerais chegou o ônibus. Silêncio dentro dele, apreensão. Um segurança do CEPAI (Centro Psíquico da Adolescência e Infância), órgão da FHEMIG (Fundação Hospitalar de Minas Gerais), vigiava o lugar. Os fantasiados, encantados, desceram e entraram num sobrado abandonado. Paredes em ruína, pintura descascada, tijolos a mostra, morcegos zunindo. Cantávamos. Daquele momento em diante, aconteceriam reuniões, por vezes mais de uma ao dia, no Espaço. Batizado Luiz Estrela em homenagem a um morador em situação de rua, poeta, homossexual, morto no centro da cidade em 26 de junho daquele ano, em meio à agitação do levante. Ainda hoje, as circunstâncias da morte foram pouco esclarecidas (2014, pp. 39–40).

O vídeo desse momento de ocupação mostra, junto com o relato aqui escrito, a potência dessa "coreografia de rua". Corpos mascarados, em movimentos errantes, tentam entrar nas ruínas. Alguns seguem — com o rosto à mostra — um outro ritmo. Com olhos fechados dançam na procura de algo. Gestos de delicadeza diante do concreto que vai caindo em erosão. Um corpo de preto sobe em uma escada. Cordas nos braços. No chão, os outros corpos mascarados (ou não) seguem uma coreografia. O som é instrumental. É para quem celebra diante de um "monumento" destruído. Georges Didi-Huberman usa a imagem das "borboletas" em seu texto "Através dos desejos (fragmentos sobre o que nos subleva". A referência é o filme *Eu sou Cuba*, de Mikhail Kalatozov (1964). Na obra, tem-se a imagem de panfletos utilizados diante de uma cena de "repressão policial na grande escadaria da Universidade de Havana, que evoca, portanto, o grande massacre de *O encouraçado Potemkin* na escadaria Richelieu de Odessa" (DIDI-HUBERMANN, 2017, p. 370). Esses panfletos — chamados de *borboletas* em francês — "sobem em direção às nuvens, sem que ainda saibamos se seu recado vai se perder no vazio do céu ou na potência de expansão monstra, assim, seu caráter irresistível" (2017, p. 370). Ele ainda diz mais: essa mensagem, que se levanta e é levada pelo vento, "é um momento de extremo lirismo incluído na lógica implacável de uma cena de violência extrema" (DIDI-HUBERMANN, 2017, p. 370).

Assim também foi naquele 25 de outubro. Um prédio abandonado pelo estado de Minas desde 1994, destruído. O prédio foi feito para ser o Hospital da Força Pública Mineira, em 1914. Mas, em 1947, "passou a ser o Hospital de Neuropsiquiatria Infantil e, no fim da década de 1970, com as denúncias e a pressão pela reforma psiquiátrica, funcionou como escola para crianças 'fora da normalidade'" (FOUREAUX, 2014, 40). Um *símbolo* de uma "violência extrema", símbolo da exclusão-includente, da vida sagrada abandonada. O destino do prédio era ser mais um memorial oficial para Juscelino. Mas temos a irrupção no ritmo do "progresso". Muda-se a relação com a espacialidade do tempo. Nessa ruína, tem-se um espaço *comum* inventado que resgata uma *testemunha* de Junho: o *nômade* Luiz Estrela. Corpos-borboletas em lirismos e delicadezas em um movimento "qualquer... que se *queira*". Um prédio ocupado por meio de múltiplas alianças, uma vivência que ensaia, estética e politicamente, formas de vida e de existência. "O Espaço Comum Luiz Estrela está de pé."

Judith Butler, em *Corpos em aliança e a política das ruas* (2015), analisa alguns protestos próximos a junho de 2013. Ela indica, por exemplo, nas ocupações da Praça Tahrir — no Cairo (Egito) — dois aspectos para serem destacados. O primeiro tem a ver com a sociabilidade e o estabelecimento de "relações horizontais", com a divisão de trabalho que derrubou a diferença de gênero, a prática da não personalização nas falas públicas e o rodízio nas atividades de cuidado com o espaço. Esses atos não são "símbolos de ações heroicas". O simples fato de dormir na praça, de "viver junto", "foi a mais eloquente declaração política — e deve até mesmo contar como uma ação", algo que derruba a "distinção convencional entre o público e o privado a fim de estabelecer novas relações de igualdade" (BUTLER, 2018, pp. 98–99). Um segundo aspecto trazido por Butler é sobre a *silmiyya*, "que soa como uma extorsão suave: 'pacífica, pacífica'", presente nas vozes da praça (2018, p. 99). Segundo ela, "a entoação coletiva era uma maneira de encorajar as pessoas a resistir à atração mimética da agressão militar – e da agressão das gangues — ao manter em mente o objetivo maior: uma mudança democrática radical" (2018, pp. 99–100). O que interessa a Butler é ver como a linguagem trabalhou, nesse caso, não para gerar uma ação, mas para contê-la.

Tenho suspeitas em relação à não violência como um discurso que legitima ou não a prática de pessoas e grupos sociais. Quais as relações de poder que permeiam essa "delimitação"? A própria Butler, no início do seu texto, discute sobre as delimitações discursivas sobre o que é democrático e o que não é democrático. O "jogo político" pode mudar diante das alianças estratégicas que exigem considerar um grupo como "'terrorista' em uma ocasião e como 'aliado democrático' em outra, vemos que a 'democracia', considerada uma designação, pode facilmente ser tratada como um termo discursivo estratégico" (BUTLER, 2018, p. 8). Como vimos, os discursos da presidenta Dilma e de outros líderes políticos em 2013 criavam um contorno linguístico para dizer o *que é* e *o que não é* violência. Um jogo político de acordos estratégicos. O parâmetro estava bem próximo das expectativas de "mediação" democrática no modo mais institucional. Para além dessa suspeita, que de algum modo já trabalhei em outros momentos desse texto, me interessa o *"agir-não"* do *silmiyya*. Se há um "desejo mimético" de violência e "combate", um *agir-não* que retira a ocupação da Praça Tahrir do esquema "bélico" da "máquina de guerra" do Estado, em Junho, também ouvimos esse "grito" em muitos atos: "Sem violência, sem violência", que tinha direção dupla: contra a violência policial e contra as ações diretas ligadas à tática *black bloc*. Há, também, tensões, diferenças e contradições nos ajuntamentos dos corpos.

Essa sociabilidade e esse "*agir-não*" são movimentos do corpo. Aqui está a tese central de Butler, que nos ajuda a interpretar Junho. Os corpos em aliança podem "colocar em questão as dinâmicas incipientes e poderosas das noções reinantes da política" (2018, p. 15). Esse "caráter corpóreo" opera de dois modos. De um lado, por meio das contestações corporais representadas por "assembleias, greves, vigílias e ocupação de espaços públicos"; do outro, pelo próprio corpo como "objeto de muitas das manifestações que tomam a condição precária como sua condição estimulante", "corpos que vivem a condição de um meio de subsistência ameaçado, infraestrutura arruinada, condição precária acelerada" (BUTLER, 2018, pp. 15-16). A importância e a potência desses acontecimentos — em Tahrir ou em Junho — estão nos próprios corpos em aliança — com "um direito plural e performativo de aparecer" — que estão no espaço da política, que dão novos usos para as ruas e praças. Sobre esse gesto, me lembro do poema de Adrienne Rich, "Tempo de guerra oriental", citado por Homi Bhabha:

> Sou um canal na Europa onde corpos flutuam
> Sou uma missa fúnebre sou uma vida que retorna
> Sou uma mesa posta com um lugar para o Estrangeiro
> Sou um campo com cantos deixados para os sem-terra
> Sou um homem-menino louvando a Deus por ser homem
> Sou uma mulher que se vende por uma passagem de balsa
> ...
> Sou um alfaiate imigrante que diz *Um casaco*
> não é um pedaço de pano só
>
> Sonhei com Zion sonhei com a revolução mundial
> Sou um cadáver dragado de um canal em Berlim
> Um rio no Mississippi. Sou uma mulher de pé
> De pé aqui no teu poema. Insatisfeita.
> (Citado em BHABHA, 2011, p. 126)

Temos vidas precárias por uma biopolítica da sobrevivência, numa racionalidade neoliberal que "exige autossuficiência" e coloca os "sujeitos" para seguir uma "responsabilidade individual" e com a "obrigação de maximizar o valor de mercado de cada um como objeto máximo de vida" (BUTLER, 2018, p. 21). Vidas descartáveis e dispensáveis — sem se esquecer da culpa permanente pelo fracasso diante da exigência do desempenho —, algo que "não é distribuído por igual na sociedade". Em um corpo todos os outros corpos — precários. Memórias *trans*nacionais. "Sou uma... Sou um... Sou...". Corpo do rio, corpo do campo, corpo de mulher, qualquer corpo descartável. Os acontecimentos contados no poema pedem uma "intervenção no fluxo da 'história que não para para ninguém'" (BHABHA, 2011, p. 128). No fluxo que arrasta para uma vida abandonada, temos o direito de aparecer, um posicionamento performático: "sou uma mulher de pé. De pé aqui no teu poema. Insatisfeita". Uma interdição no ritmo do Estado-empresa e suas fronteiras nacionais, no ritmo do mercado que a tudo quer governar. Uma mulher de pé na cidade. Insatisfeita com a vida precária, com as lógicas patriarcais de controle e regulação. Corpos de pé com uma "reivindicação por poder se unir, se reunir em assembleia, e de fazê-lo livremente, sem medo da violência policial ou da censura política" (BUTLER, 2018a, p. 23). Junho é potente por liberar os corpos, com seus novos usos nos espaços urbanos, com novas e outras aproximações. Há várias imagens sobre o corpo nos acontecimentos. Destaco apenas uma foto emblemática:

Um motorista de ônibus — de *pé* e com o punho cerrado para cima —, aliado a outros corpos na rua. O ônibus se transforma, o "papel" do motorista é desfeito. Corpo desterritorializado. Flores, grafias pela redução da tarifa, mãos erguidas para a fotografia — numa ampliação das "condições de possibilidade" da aparição corpórea. Um tanto de celebração. Corpos em festa, pela redução do preço da passagem em São Paulo e pela possibilidade de viver de outro modo. Uma experiência provisória de conexões e vinculações inesperadas. A cumplicidade entre o motorista e os outros corpos ali de pé indica que há uma situação compartilhada de vida precária que interrompe o "fluxo da 'história que não para para ninguém'". Não compartilhada dos mesmos modos, por ser "vivida diferencialmente". A cumplicidade contesta "a moralidade individualizante que faz da autossuficiência econômica uma norma moral precisamente sob condições nas quais a autossuficiência está se tornando cada vez mais irrealizável" (BUTLER, 2018, p. 23). Por um instante, a

Fotografia de São Paulo, 20 de junho de 2013.
Foto: Ismael dos Anjos.

suspenção, via ações corpóreas, do tempo produtivo. Solidariedade com as trabalhadoras e os trabalhadores do transporte ("ei motorista, ei cobrador, o seu salário aumentou?"), alianças de cuidado e proteção numa "revolta do vinagre" contra o gás lacrimogênio e o spray de pimenta utilizados pela polícia.

Na manifestação de 13 de junho (quinta-feira), estava com alguns amigos, que faziam parte da Rede Ecumênica da Juventude. Eu me lembro das músicas pela redução da tarifa, os pedidos de não violência e as flores que eram seguradas por algumas pessoas. Vários cartazes, faixas, pichações nas paredes ao longo do trajeto. Mas o cenário também era de apreensão. Na concentração do ato, no Theatro Municipal, vi cenas de medo e a prática da decisão soberana. A polícia passou a abrir e a revistar mochilas. Alguns "escolhidos" no meio da multidão já foram presos. Com agressões físicas. Só era preciso ter vinagre. As imagens e vídeos — do *midialivrismo* — mostram bem a prática policial naquele dia. Seguimos para a avenida Consolação, em direção à Paulista. Escuto disparos. Tiros de balas de borracha, bombas de gás, bombas de efeito moral. Pânico. Muita gente correndo com medo de ser atingido ou preso. Eu saí com uma amiga por uma das ruas próximas. Tudo cercado. Em todas as vias estavam os carros da ROTA — Rondas Ostensivas Tobias Barreto. Não havia saída. Estávamos em pequenos *campos* em que a exceção se transformava em regra. Os policiais esperavam os manifestantes. Na nossa mochila, panos e o "poderoso" vinagre. Era a nossa proteção. Ou descíamos para sermos revistados pela polícia, ou ficaríamos na Consolação no meio dos tiros e do gás. Os corpos nas ruas são realmente uma possibilidade de colocar em erosão a política que conhecemos. O estado securitário sente medo do caos. Decidimos — de mãos dadas — descer a rua. Corpos de pé ali na rua transformada em *campo*. Depois de alguns segundos, olhamos ao lado, outros manifestantes estavam entrando em um bar que baixava as portas. Gritamos. Pedimos ajuda. Alguém segurou a porta de ferro. Entramos quase rastejando. Naquele pequeno bar eu estava com pessoas que nunca tinha visto, exceto a minha amiga. Instantes de conversa e de partilha dos medos e das preocupações em sair e voltar para casa. Um tempo de cuidado com quem já sentia os efeitos do gás. Tudo arde. Falta ar. Parece ser a metáfora da vivência precária na cidade. Por vezes, somos corpos sufocados. Depois de um bom tempo, decidimos sair dali. O jogo era sair aos poucos e separados. Fomos os primeiros. Apreensão. Segurava a mão da minha amiga. Suamos de medo. Os panos ficaram na mochila. O vinagre no bar. Passamos pela polícia. Nada foi feito. Não fomos parados. Mas — ao mesmo tempo — tudo foi feito. Controle, vigilância — em nós. Como voltar nos próximos atos? Como colocar a vida em sua possibilidade de ser vivida?[1]

---

1. Há vida que pulsa em muitos cantos, veja: "simultaneamente, mas fora das câmeras, manifestações autônomas eclodiam em vários pontos da cidade. Nas linhas Esmeralda e Rubi da CPTM (Companhia Paulista de Trens Metropolitanos), após panes, passageiros ocupam os trilhos, quebram os trens e sabotam as vias. Em Cotia, cerca de cinco mil pessoas trancam os dois sentidos da Rodovia Raposo Tavares. Protestos bloqueiam a Ponte do Socorro e a Estrada do M'Boi Mirim. No Grajaú, junto a uma onda de saques, fala-se em mais de 80 ônibus danificados. Na zona leste, o impacto foi tamanho que, no dia seguinte, o Consórcio Leste 4 colocou

Voltamos a um problema latente nesse livro, agora colocado por Judith Butler: "como a vida é mantida, como a vida é viável, com que grau de esperança e sofrimento" (BUTLER, 2018, p. 23). Essa indagação parece ser uma boa síntese dos corpos em aliança nos acontecimentos de Junho. Sei que ali, também, tivemos alianças com "sinais assustadores", com a expulsão de manifestantes de "vermelho" com suas bandeiras de partidos como o PT, PSOL e PSTU, a agressão e a defesa de pautas mais conservadoras, como a "redução da maioridade penal". Há contradições nas ruas. Depois de 20 de junho, dia emblemático nesse sentido, o MPL-SP se retirou dos atos, não convocando mais manifestações. A explicação: "o MPL é um movimento social apartidário, mas não antipartidário. Repudiamos os atos de violência direcionados a essas organizações [os partidos e movimentos] durante a manifestação de hoje, da mesma maneira que repudiamos a violência policial" (MPL, 2013b). Aqui está o ponto em que surgem várias tensões e divergências sobre a efetividade daqueles acontecimentos de 2013.

Há textos — sem anular e negar a potencialidade de Junho — que analisam esses traços presentes nas ruas, indicando como algumas marcas daqueles atos se colocam como saída na reorganização das forças conservadoras (MORAES, 2018a). Por exemplo, a partir de junho nasce o MBL — Movimento Brasil Livre e o Vem pra Rua — grito tão presente nos atos. Segundo Alana Moraes, as "forças conservadoras" "tiveram mais disposição e inteligência para canalizar o campo de forças gerado por junho em ações mais concretas como foi o anti-petismo, o golpe e todas as medidas conservadoras operadas depois disso" (2018b, p. 42). Mas, também relacionado à experiência de Junho, em 2015 "veio a onda de ocupações nas escolas de São Paulo — que em grande parte, beneficiou-se muito do passe livre estudantil conquistado em 2013", além das "manifestações na Copa em 2014", a "campanha pela liberdade de Rafael Braga", entre outras mobilizações e alianças (MORAES, 2018, p. 42). Tudo

---

menos da metade da frota em operação. Em Guarulhos, manifestantes bloqueiam por horas a via de acesso ao Aeroporto Internacional, enquanto em Parelheiros a população invade e paralisa o Rodoanel" (CORDEIRO & MARTINS, 2014, p. 208).

isso, segundo Alana Moraes, "foi ajudando a compor uma geração política que tem muito mais certeza da luta contra a violência de Estado como uma luta inegociável" (2018a, p. 42).

Na mesma linha, Jean Tible (2018), perguntando sobre as principais consequências políticas e sociais de Junho de 2013, indica três pontos de relevância:

1. O primeiro "parece ser o fim da estabilidade, o que trouxe oportunidades e riscos", colocando os limites do "desenvolvimento econômico", os limites dos modelos de participação política;

2. A presença de "novas questões, que não eram nenhum pouco inéditas, ganharam força" em Junho, como a própria questão do transporte, "questões também vinculadas à violência policial, e nesse sentido as mobilizações 'Cadê o Amarildo?' ", além das ações feministas e da marcha da maconha; e, por fim,

3. "Junho de 2013 abriu um novo ciclo político. A partir daí todos os atores da sociedade brasileira são obrigados, de alguma forma, a se reposicionar", a direita, a esquerda e o centro, "as empresas como a Globo, a Fiesp, o agronegócio", diferentes movimentos — todos foram interpelados pelos acontecimentos de 2013 (TIBLE, 2018b).

Junho provoca várias possibilidades de leitura e interpretação. Por isso, penso ser potente a metáfora utilizada por Alexandre Mendes: *vertigens de Junho*. Acontecimentos que articulam micropercepções, desvios que vazam das extremidades, terrenos de luta que já explodiam na época e as rupturas com os modos de percepção coletiva e de pensar, sentir e fazer política (MENDES, 2018b, p. 19). Nas vertigens, Alexandre Mendes — e de algum modo Alana Moraes e Jean Tible[2] – procura encontrar "as linhas de continuidade de junho de 2013, em sua lógica aberrante, móvel e, por vezes, perigosas, sem tombar nos antigos signos que continuam nos espreitando" (MENDES, 2018b, p. 19).

Nas minhas experiências com as vertigens, os corpos em aliança me provocam a buscar uma *continuidade destituinte*. Os acontecimentos de Junho restituem a capacidade de uso do corpo, do espaço, da política. Aqui, a minha tarefa é encontrar rastros da *destituição* que colocam a exigência da obra e o "sagrado" em ruínas — como mostrei até agora nesse livro. O caminho é ir para além do evento-junho, sem transformá-lo em um museu de memórias melancólicas. Agamben, em *Profanações*, analisa essa experiência de "museificação do mundo". Segundo ele, de maneira geral, "tudo hoje pode tornar-se Museu, na medida em que esse termo indica simplesmente a exposição de uma impossibilidade de usar, de habitar, de fazer experiência" (AGAMBEN, 2007, p. 73). O trajeto que fiz até aqui procurou evitar essas impossibilidades.

---

2. Jean Tible, por exemplo, faz uma relação entre os acontecimentos de junho de 2013 com as manifestações dos caminhoneiros, em 2017. Diz ele: "O polo que existe entre uma esquerda anti-Junho e uma pró-Junho também se manifestou, de algum modo, na greve dos caminhoneiros. A pauta dos setores de baixo da sociedade brasileira foi sendo interpretada como locaute, mas quem conhece esse setor mostrou que não se tratava disso, mas de uma demanda derivada das aplicações das políticas ultraliberais do governo, sem a mínima sensibilidade social. Foi essa política que causou esse efeito de prejudicar a população, seja no aumento do gás de cozinha ou dos combustíveis. [...] Para entender o capitalismo contemporâneo, muitos como Negri e Sandro Mezzadra ou o comitê invisível, insistem que a logística é fundamental, o bloqueio é muito importante e, nesse sentido, os caminhoneiros mostraram como alguns setores são capazes de bloquear o sistema. Isso é um elemento muito interessante. Mas retomando, é curioso como parte da esquerda tem medo das mobilizações dos de baixo e das contradições que sempre surgem. É claro que houve sinais assustadores de parte das mobilizações, com alguns clamando por intervenção militar, mas as demandas em geral pareciam legítimas e justas. Ao invés de a esquerda tentar disputar e estar nesse momento, ela escolhe julgar de fora; isso é uma pena, porque causa uma perda de potencial de transformação" (TIBLE, 2018b).

# Limiar

Chegamos ao limiar desse livro. Uma *passagem*.
   Assim como no umbral, estamos no limite para outro espaço. Mas, também, por ser soleira, estamos no *entre*, uma zona indeterminada entre o *dentro* e o *fora*.[1] Essa foi a minha habitação privilegiada ao longo dessa escrita — em tempos do "perigo do agora". Viver no entre, no limiar — mesmo com toda a incerteza. E, aqui, talvez esteja um tanto dos meus desejos em relação à essa escrita. Um texto que não se encerra, que se abre a novas possibilidades de imaginação. Propor um limiar é assumir esse *fim* como um lugar inseguro de quem não sabe bem o que fazer diante da *porta*. Um desconforto latente. Nesse lugar, de algum modo, espero encontrá-las(os).
   Os acontecimentos de junho de 2013 foram a "dobra" que me fez pensar. Interpretei aqueles eventos como uma "dobradiça" político-teológica. De algum modo, esses "instantes" escancararam e profanaram o Estado moderno (feito ~~deus~~ e atrelado ao capital) com os seus rastros destituintes; e, ao mesmo tempo, nos empurraram para a destituição de nossos ~~deuses e deusas~~, para "pensar o impensado" e aumentar a potência de agir (e *agir não*). Tem algo de "graça" naquelas mobilizações, tem algo de *sabático*. Havia um abalo em Junho que precisava ser assumido no fazer teológico. Era preciso dizer os ~~deuses e deusas~~ presentes nas ruas de 2013 e deixar vazar as "paixões ingovernáveis" do corpo *qualquer*, inclinado a outros corpos (em hostilidade/hospitalidade). Alianças para ir além da vida que somos forçados a viver, da cidade que somos obrigados a habitar em seu modo útil. Foi isso que me dediquei nessa investigação que perseguia os rastros e as ruínas de Junho.

---

1. Tomo como referência para essa escrita o texto de apresentação do livro de Daniel Nascimento — "Umbrais de Agamben", feito por Edson Teles, com o seguinte título: "as margens originárias do político" (2014, p. 9-11).

Acontecer é irrupção ou suspensão. Há algo de *kairótico*. Uma brecha aberta no tempo ordinário para um novo uso do mundo, um novo uso da política. Junho é "um passado que terá sido". Há distintas interpretações sobre aqueles eventos. Optei por seguir um caminho desde a noção de *potência destituinte*. Um *poder não* que acompanha todo ato. Uma potência impotente e inoperosa que se mantém nas revoltas. É como se nos liberássemos da urgência operativa da eficiência. O agir tem a sua potência do *não*. Na destituição nos encontramos no desconforto e no incômodo diante das perguntas mais pragmáticas da mobilização política. Mas também estamos na aventura alegre de contemplarmos a nossa própria possibilidade de viver, além do *dever ser*. Se cairmos na dinâmica "constituinte" — em uma herança da revolução francesa, como aponta o comitê invisível (2017, p. 91) —, seguiremos "o desejo de mudar tudo e o desejo de que nada mude", faremos "apenas algumas linhas e modificações simbólicas". Nessa lógica, desde a eficácia da governabilidade tão desejada politicamente, corremos o risco de um agir político ser transformado na linguagem do "direito e da lei". Ao ser assim, como compreendemos nos capítulos iniciais desse livro, as mobilizações e rebeliões se deparam com as estratégias de neutralização conhecidas e banalizadas no próprio aparato da "máquina governamental" (COMITÊ INVISÍVEL, 2017, p. 92).

Por isso, uma inquietação importante e fundamental desse livro é, numa retomada das palavras de Rodrigo Bolton, "como pensar uma política radicalmente profana, que não atenda nem a soberania nem a economia, senão uma *política de uso*?" (2017). Como criar formas-de-vida que nos coloquem para além da captura na soberania e exceção de um estado que produz *vida nua* — uma vida sagrada que não pode ser sacrificada, mas pode ser morta? Como assumir a vida sem a "biopolítica da sobrevivência", a exceção que vira regra em todo campo e uma racionalidade neoliberal que a tudo quer abarcar, incluindo o desejo e a imaginação? Junho toca aqui. Um *uso* que tenta não ser capturável, uma forma-de-vida, como na "altíssima pobreza", não aprisionada na soberania ou na biopolítica que, articuladas, constituem a "máquina governamental".

Nessa combinação entre soberania e governamentalidade — possível em uma determinada leitura da teologia trinitária — Agamben e "Junho" nos ajudam em desvelar um hiato no Estado. No deus-Estado. Um vazio encoberto pela glória, por uma "democracia gloriosa" em sua liturgia e em seus "dispositivos aclamatórios". Os corpos performáticos nas ruas, em seus instantes profanatórios, tocam aí: no vazio. Escancaram um vazio negado, uma anarquia dentro do Estado, uma inoperosidade escondida. Destituir abre essa senda. Enquanto a lógica constituinte — dirá o comitê invisível — "choca-se contra o aparelho de poder sobre o qual ela pensa ter controle, uma potência destituinte se preocupa muito mais em dele escapar, em retirar desse aparelho qualquer controle sobre si, na medida em que agarra o mundo que forma à margem. Seu gesto próprio é a *saída*, enquanto o gesto constituinte é a tomada de assalto. Em uma lógica destituinte, a luta contra o estado e o capital vale sobretudo por uma saída da normalidade capitalista, na qual se vive, por uma deserção das relações de merda consigo, com os outros e com o mundo que, na normalidade capitalista, se experimenta" (2017, pp. 94–95). Sair, desprender, deslocar, para expandir a potência. Não mais a relação dialética. Mas: a inoperosidade. O elogio à fuga da eficiência técnica da gestão ou da incidência pública nos marcos do direito e da lei — em toda "violência mítica". Uma fuga que estabelece novos elos, novos modos de viver. Habitar de outro modo o mundo, com inclinações e vinculações a outros corpos. Destituir não é se opor à instituição, não é se colocar numa "luta frontal", mas neutralizá-la, esvaziá-la em sua substância (COMITÊ INVISÍVEL, 2017, p. 98).

A *ineficiência* abre esse problema. Não mais o projeto político-histórico a seguir diante de um inimigo. O que me inquieta é "a paixão do povo que luta" — numa provocação de Nancy Pereira. A vida vem primeiro, algo que aprendi com Gustavo Gutiérrez, Ivone Gebara, Milton Schwantes e com tantos outros. Os corpos de Junho me deslocam para outros modos de pensar fora da prática esperada. Redimir a política, liberá-la da sua operatividade constituinte. Uma radical abertura para um "livre uso de si", em que o hábito (*ethos*) "é a maneira que não nos ocorre nem nos funda, mas nos gera. E esse ser gerado pela própria maneira é a única felicidade verdadeiramente possível para os homens (*sic*)" (AGAMBEN, 2013, p. 35). Ser gerado na medida em que se coloca em movimento, em deslocamento. Novos hábitos, novos modos de viver, de estabelecer relações, de agir. Não um futuro de uma "terra prometida" que aprisiona possibilidades errantes para se dizer ~~deus~~ e fazer política. Ser gerado no acontecimento. Talvez encontremos um tanto de alegria — o aumento da potência.

Quando escrevo sobre um *comum* falo de um "nós", provisório, vazio. Não como uma pertença. Sigo uma intuição da revista *tiqqun*, "nós não é um sujeito nem uma entidade formada, tampouco uma multidão. Nós é uma massa de mundos, de mundos infraespetaculares, intersticiais, com existência inconfessável, tecidos de solidariedades e de dimensões impenetráveis ao poder; e então também são os perdidos, os pobres, os prisioneiros, os ladrões, os criminosos, os loucos, os perversos, os corrompidos, os demasiado-vivos, os transbordantes, as corporeidades rebeldes" (TIQQUN, 2019, p. 150). Se lermos apressadamente as constatações de Agamben sobre a soberania e a *vida nua* e sobre o campo e a biopolítica, parece que não há fuga. Temos vidas observadas como indignas. Vidas matáveis e captura em toda parte. Até a resistência parece ser facilmente neutralizada. É *viver no inferno* — como anunciei no preâmbulo desse livro. Mas "às vezes, é no extremo da *vida nua* que se descobre *uma vida*, assim como é no extremo da manipulação e da decomposição do corpo que ele pode descobrir-se como virtualidade, imanência, pura potência, beatitude" (PELBART, 2016, p. 36). Há brechas, possibilidades, mundos aliançados, corpos vinculados e "transbordantes". *Sobreviver no inferno*, como em Racionais, parece ser uma exigência diária, mesmo que "só" em pequenos instantes de suspensão.

O tempo é de risco.

Essa escrita pode abrir a senda da contemplação do cuidado de si, do abandono de si? Teremos uma prática de vida no limiar da subjetivação/dessubjetivação? Assumir a ruína, reconhecer o esgotamento, não se deixar tomar. Há respiros no tempo-de-agora. Como em Junho. É preciso estar atento. Sem o ressentimento que enclausura, sem as saídas rápidas, sem receitas para a cura do corpo em angústia. Os instantes *kairóticos* não são programas eficazes como praticidade histórica. Como escreve o Comitê Invisível, "não temos programa, soluções à venda. *Destituir*, em latim, é também decepcionar. Todas as *esperas* estão por decepcionar. De nossa experiência singular, de nossos encontros, de nossas vitórias, de nossas derrotas, retiramos uma percepção evidentemente partidária do mundo, que a conversa entre amigos afina. Quem experimenta como justa uma percepção é bastante grande para dela tirar consequências ou ao menos uma espécie de método" (2017, p. 152).

O que nos *resta*? Aquilo que não pode ser cooptado, formas-de-vida no *limiar*, no hiato. A "língua da poesia", portanto. A pura potência de inventar mundos, "a língua que pode ser infinitamente destruída e todavia permanece", aquilo que na língua tem a ver com o que *chama*, com o nome, que não discorre, não informa; uma língua que chama o que se perde, aquilo que foi deixado, os detalhes ínfimos abandonados no ordinário (AGAMBEN, 2017). Talvez, *a partir* dessas ruínas de Junho, mas sem se fixar nelas, encontraremos modos de agir politicamente, de construir alianças que não se adequem a uma cidadania-regulada e que se movimentem de maneira múltipla, aberta, ampla. Possivelmente, assim, inventaremos modos de viver para além da tristeza desejada em uma economia da culpa, da operatividade e do sacrifício.

# Bibliografia

ADAM, Julio Cézar. "Liturgia como prática dos pés. A Romaria da Terra do Paraná: reapropriação de ritos litúrgicos na busca e libertação dos espaços de vida". Em: *Estudos Teológicos*, 42 (3), pp. 52–69, 2002.

AGAMBEN, Giorgio. *A comunidade que vem*. Belo Horizonte: Autêntica, [1990] 2013a.

_____. *A potência do pensamento*: ensaios e conferências. Belo Horizonte: Autêntica, [2005] 2015.

_____. *Altíssima pobreza*. São Paulo: Boitempo, [2011] 2014.

_____. "Deus não morreu. Ele tornou-se dinheiro". Em: *IHU*, 2012.

_____. *Estado de exceção*. São Paulo: Boitempo, [2003] 2004.

_____. *Homo sacer*: o poder soberano e a vida nua. Belo Horizonte: UFMG, [1995] 2004.

_____. *Meios sem fim*: notas sobre a política. Belo Horizonte: Autêntica, [1996] 2015.

_____. "Metropolis". Em: *Sopro*. 2006. Disponível online.

_____. *Nudez*. Anagrama, [2009] 2014.

_____. *O aberto*: o homem e o animal. Rio de Janeiro: Civilização Brasileira, [2002] 2017.

_____. *O que é o contemporâneo? E outros ensaios*. Chapecó: Argos, [2006/2008] 2009.

_____. *O que resta de Auschwitz*: o arquivo e a testemunha. Boitempo: São Paulo, [1998] 2008.

_____. *O reino e a glória*: uma genealogia teológica da economia e do governo. São Paulo: Boitempo, [2007] 2011.

_____. *O uso dos corpos*. São Paulo: Boitempo, [2014] 2017.

_____. *Opus Dei*: arqueologia do ofício. São Paulo: Boitempo, [2012] 2013b.

_____. "Por uma teoria do poder destituinte". 2013.

_____. *Profanações*. São Paulo: Boitempo, [2005] 2007.

_____. *Signatura rerum*: sobre el método. Barcelona: Anagrama, [2008] 2010.

_____. *Teología y lenguaje*: del poder de Dios al juego de los niños. Buenos Aires: Las Cuarenta, [2012] 2012.

_____. *Uma biopolítica menor*. Coleção Pandemia. São Paulo: n-1, [2000] 2016.

ALTHAUS-REID, Marcella. *La teología indecente*. Perversiones teológicas en sexo, género y política. Barcelona: Bellaterra, 2005.

ANDRADE, Érico; LINS, Liana Cirne & LEMOS, Frida. "Nem solitárias, nem amargas: a luta pelo direito à cidade para e pelas pessoas — O caso do #OcupeEstelita". Em: MORAES, Alana et al (org.). *Junho*: potência das ruas e das redes. São Paulo: Friedrich Ebert Stiftung (FES) Brasil, 2014, pp. 135-155.

ANDRÉS, Roberto. "Grafias de junho". 2018. Disponível online.

ARANTES, Paulo. "O futuro que passou". 2013. Em: *O Estado de S. Paulo*. Disponível online.

_____. *O novo tempo do mundo*. São Paulo: Boitempo, 2014.

ARENDT, Hannah. *A dignidade da política*. Rio de Janeiro: Relume Dumará, 2002.

BARROS, Celso. "Nobre contra o centrão". Em: *Amálgama*. 2013. Disponível online.

BARSALINI, Glauco & TEIXEIRA, Lucas. "Deísmo, teísmo e estado de exceção permanente na obra de Giorgio Agamben: rumo à via da profanação". Em: RIBEIRO, Claudio de Oliveira (org). *Giorgio Agamben em foco*. Curitiba: Editora Prismas, 2017, pp. 197-230.

BECKER, Howard S. "Outsiders". Em: *Estudos de sociologia do desvio*. Rio de Janeiro: Zahar, 2008 [1963].

BENJAMIN, Walter. *Escritos sobre mito e linguagem*. São Paulo: Editora 34, 2017.

BERARDI, Franco. "No olvidar la posibilidad de ser feliz, esa es la consigna hoy". 2017. Disponível online.

BHABHA, Homi. *O bazar global e o clube dos cavalheiros ingleses* – textos seletos. Rio de Janeiro: Rocco, 2011.

BOITO, Armando. "O impacto das manifestações de junho na política nacional". Em: jornal *Brasil de Fato*. 2013.

BOLTON, Rodrigo. "O impensado como potência e a desativação das máquinas de poder". Em: *Cadernos IHU Ideias*. Ano 15, n. 258, vol. 15, 2017.

_____. "O sorriso de Agamben", no VI Colóquio Internacional IHU — Política, economia, teologia. Contribuições da obra de Giorgio Agamben. IHU-UNISINOS. 2017.

_____. "Políticas de la interrupción. Giorgio Agamben y los umbrales de la biopolítica". Ponencia presentada en las Jornadas de Derecho Constitucional organizadas por el Centro de Estudiantes de la Universidad de Chile (agosto/2010).

_____. "Potencia pasiva. Giorgio Agamben lector de Averroes". *Red de investigadores de biopolítica*. 2008.

## BIBLIOGRAFIA

BORGES, Juliana. "Paradigma do punitivismo coloca o Brasil em terceiro lugar no ranking mundial do encarceramento". IHU-UNISINOS. Disponível online.

BRAGA, Ruy. "Sob a sombra do precariado". Em: MARICATO, Erminia e outros. *Cidades rebeldes*. São Paulo: Boitempo, 2013, pp. 79-82.

BRINGEL, Breno. "4 anos das Jornadas de Junho: como a militância política se transformou?". Em: jornal *Brasil de Fato*. 2017.

BUTLER, Judith. *Corpos em aliança e a política das ruas* – notas para uma teoria performática de assembleia. Rio de Janeiro: Civilização Brasileira, 2018.

CAMPANHA PELA LIBERDADE DE RAFAEL BRAGA.

CARERI, Francesco. *Walkscapes*: o caminhar como prática estética. São Paulo: G. Gilli, 2013.

CASTRO, Edgardo. *Introdução a Giorgio Agamben*: uma arqueologia da potência. Belo Horizonte: Autêntica, 2013.

CASTRO, Eduardo Viveiros. *Os involuntários da pátria*. São Paulo: n-1 edições, 2016.

CATENACI, Giovanni. "Opus Dei: arqueologia do ofício — para compreender as assinaturas teológicas da ética no ocidente". Em: RIBEIRO, Claudio de Oliveira (org). *Giorgio Agamben em foco*. Curitiba: Prismas, 2017, pp. 95-114.

CAVA, Bruno & COCCO, Giuseppe (org.). *Amanhã vai ser maior*: o levante da multidão no ano que não terminou. São Paulo: Annablume, 2014.

CAVA, Bruno. *A multidão foi ao deserto*. São Paulo: Annablume, 2013.

CHIGNOLA, Sandro. "Tecnicização da decisão política é uma das assinaturas da contemporaneidade". Em: *Cadernos IHU Ideias*, ano 15, n. 258, vol. 15. 2017.

COCCO, Giuseppe. "A dança dos vagalumes". Em: CAVA, Bruno & COCCO, Giuseppe (org.). *Amanhã vai ser maior*: o levante da multidão no ano que não terminou. São Paulo: Annablume, 2014, pp. 11-34.

COMITÊ INVISÍVEL. *Aos nossos amigos*: crise e insurreição. São Paulo: n-1 edições, 2016.

_____. *Motim e destituição agora*. São Paulo: n-1 edições, 2017.

CORDEIRO, Leonardo & MARTINS, Caio. "Revolta popular: o limite da tática". Em: MORAES, Alana et al (org.). *Junho*: potência das ruas e das redes. São Paulo: Friedrich Ebert Stiftung (FES) Brasil, 2014, pp. 201-217.

CORREA, Murilo Duarte Costa. "Introdução à filosofia black bloc". Uninômade. 2018.

DARDOT, Pierre & LAVAL, Christian. *A nova razão do mundo*: ensaio sobre a sociedade neoliberal. São Paulo: Boitempo, 2016.

DAVIS, Angela. *Estarão as prisões obsoletas?* Rio de Janeiro: Difel, 2018.

DELEUZE, G. & GUATTARI, F. *Mil platôs*: capitalismo e esquizofrenia. Vol. 5. São Paulo: Ed. 34, 1997.

_____. *Mil platôs*. São Paulo: Editora 34, 1995.

DELEUZE, Gilles. *Conversações*. São Paulo: Editora 34, 2013.

DICKINSON, Colby. "Ser e Agir, o Reino e a Glória: a oikonomia trinitária e a bipolaridade da máquina governamental". Em: *Cadernos Teologia Pública*, ano XIV, vol. 14, n. 122, 2017a.

_____. "À glória como arcano central do poder e os vínculos entre oikonomia, governo e gestão". Em: *Cadernos Teologia Pública*, ano XIV, vol. 14, n. 127, 2017b.

_____. *O método arqueológico no pensamento contemporâneo*, 2019. (*no prelo*).

DIDI-HUBERMANN, Georges. "Através dos desejos (fragmentos sobre o que nos subleva)". Em: DIDI-HUBERMANN, Georges (org.). *Levantes*. São Paulo: Edições Sesc, 2017, pp. 289-382.

DUSSEL, Enrique. *A produção teórica de Marx* — um comentário aos Grundisse. São Paulo: Expressão Popular, 2012.

ESPINOSA. *Ética*. Belo Horizonte: Autêntica, 2009.

ETHOS. *O impacto da inovação tecnológica na mobilidade urbana na cidade de São Paulo*. São Paulo: Instituto Ethos, 2018.

FEDERICI, Silvia. *O feminismo e as políticas do comum*. São Paulo: n-1 edições, 2017.

FERREIRA, Rubens da Silva. "Jornadas de Junho: uma leitura em quatro conceitos para a Ciência da Informação". Em: *InCID: R. Ci. Inf. e Doc.*, Ribeirão Preto, v. 6, n. 2, pp. 5-19, set. 2015/fev. 2016.

FIUZA, Bruno. "Black blocs, uma história". Em: ALVES, Amanda (org.). *Não é por vinte centavos*: um retrato das manifestações no Brasil. Rio de Janeiro: Ed. Liga, 2014. E-book.

FOUREAUX, Francisco. "A cavalaria andou de ré". Em: MORAES, Alana et al (org.). *Junho*: potência das ruas e das redes. São Paulo: Friedrich Ebert Stiftung (FES) Brasil, 2014, pp. 23-42.

FRANCO, Marielle. *UPP: a redução da favela a três letras* — uma análise da política de segurança pública do estado do Rio de Janeiro. São Paulo: n-1 edições, 2018.

FUNDAÇÃO PERSEU ABRAMO. "Percepções e valores políticos nas periferias de São Paulo". 2017. Disponível online.

GAGNEBIN, Jeanne Marie. "Apresentação". Em: AGAMBEN, G. *O que resta de Auschwitz*: o arquivo e a testemunha. Boitempo: São Paulo, [1998] 2008, pp. 9-18.

_____. "Teologia e Messianismo no pensamento de W. Benjamin". *Estudos Avançados.*, vol. 13, n. 37, São Paulo. Sept./Dec. 1999, pp. 191-206.

GAGO, Verónica. *La razón neoliberal*: economias barrocas y pragmática popular. Buenos Aires: Tinta Limón, 2014.

GEBARA, Ivone. *Teologia urbana: ensaios sobre ética, gênero, meio ambiente e a condição humana*. São Paulo/Rio de Janeiro: Fonte Editorial/KOINONIA, 2014.

GIACOIA JUNIOR, Oswaldo. *Agamben*: por uma ética da vergonha e do resto. São Paulo: n-1 edições, p. 2018.

## BIBLIOGRAFIA

GOFFMAN, Erving. *Estigma*: Notas sobre a Manipulação da Identidade Deteriorada. Rio de Janeiro: Guanabara Koogan, 1988.

GOMES, Kathleen. "Respigadora de imagens". Em: *Público*. 2001. Disponível online.

GUTIÉRREZ, Gustavo. *Teologia da libertação — perspectivas*. São Paulo: Loyola, 2000.

HADDAD, Fernando. "Vivi na pele o que aprendi nos livros". Em: Revista *Piauí*, n. 129, junho de 2017, São Paulo.

HAN, Byung-Chul. *Agonia do Eros*. Petrópolis: Vozes, 2017b.

_____. *Psicopolítica — o neoliberalismo e as novas técnicas de poder*. Belo Horizonte: Âyiné, 2018.

_____. *Sociedade do cansaço*. Petrópolis: Vozes, 2017a.

HARDT, Michael. "Prefácio — Junho maldito". Em: CAVA, Bruno & COCCO, Giuseppe (org.). *Amanhã vai ser maior*: o levante da multidão no ano que não terminou. São Paulo: Annablume, 2014, pp. 7-10.

HOBBES, T. *Leviatã ou matéria, forma e poder de um Estado eclesiástico e civil*. Coleção Os Pensadores. (10 volume). 4a edição, Nova Cultural, 1988.

INSTITUTO CIDADANIA. "Perfil da juventude brasileira". 2003. Disponível online.

JACQUES, Paola. "Elogio aos errantes". Em: JACQUES, Paola & JEUDY, Henri (orgs.). *Corpos e cenários urbanos*: territórios urbanos e políticas culturais. Salvador: EDUFBA, 2006.

JORNADA DE LUTAS DA JUVENTUDE. "A força da juventude na rua". UNE. 2014. Disponível online.

JUDENSNAIDER, Elena; LIMA, Luciana; POMAR, Marcelo & ORTELLADO, Pablo. *Vinte centavos: a luta contra o aumento*. São Paulo: Veneta, 2013.

KANT, I. "Resposta à pergunta: que é esclarecimento". Em: UFSM. Disponível online.

LAHORGUE, Mário Leal. "Cidade: obra e produto". Em: *Geosul*, Florianópolis, v. 17, n. 33, pp. 45-60, jan./jun. 2002.

LAPOUJADE, David. "Fundar a violência: uma mitologia?". Em: NOVAES, Adauto. *Fontes passionais da violência*. São Paulo: Edições SESC, 2015 pp. 79-94.

_____. *As existências mínimas*. São Paulo: n-1 edições, 2018.

LAZZARATO, Maurizio. *O governo do homem endividado*. São Paulo: n-1 edições, 2018.

LEITÃO, Karina & FERREIRA, João Whitaker. "O direito à cidade: para além de uma visão instrumental e pela dimensão espaço-temporal da disputa pela mobilidade". Em: ALMEIDA, Evaristo (org.). *Mobilidade urbana no Brasil*. São Paulo: Fundação Perseu Abramo, 2016, pp. 23-40.

LODDI, Laila & MARTINS, Raimundo. "Os respigadores e a respigadora: possíveis mediações culturais". s/ D. Programa de Pós-Graduação em Cultura Visual, FAV-UFG. Disponível online.

LUDUEÑA, Fabián. "Nenhum sistema político funciona sem o elemento glorioso". Em: *IHU-UNISINOS*. n. 505, ano XVII, maio de 2017, pp. 61-65.

MACEDO, Débora de & SILVA, Enid da. "O conselho Nacional de Juventude e a participação social dos jovens no ciclo de políticas públicas". Em: BOTELHO, R. & SILVA, E. (orgs.). *Dimensões da Experiência Juvenil Brasileira e Novos Desafios às Políticas Públicas*. Brasília: IPEA, 2016, pp. 17-58.

MBEMBE, Achille. "A era do humanismo está terminando". Em: IHU-UNISINOS. 2017. Disponível online.

_____. *Crítica da razão negra*. Lisboa: Antígona, 2014.

_____. *Necropolítica*. São Paulo: n-1 edições, 2018a.

_____. *O fardo da raça*. São Paulo: n-1 edições, 2018b.

MEDEIROS, Josué. "Para além do lulismo: o fazer-se do petismo na política brasileira (1980-2016)". Tese de Doutorado. Rio de Janeiro: UERJ, 2016.

MEDIUM. "O Rio de Janeiro dos Jogos da Exclusão". 2016. Disponível online.

MENDES, Alexandre. "Junho 2013: a insistência de uma percepção". Em: IHU-UNISINOS. 2018. Disponível online.

_____. *Vertigens de junho*: os levantes de 2013 e a insistência de uma nova percepção. Rio de Janeiro: Autografia, 2018.

MENDES, Igor. *A pequena prisão*. São Paulo: n-1 edições, 2017.

_____. *Resistir é preciso*. São Paulo: n-1 edições, 2018.

MIELI, Silvio. "Black Blocs". 2013. Em: Jornal *Brasil de Fato*. Disponível online.

MORAES, Alana et al (org.). *Junho*: potência das ruas e das redes. São Paulo: Friedrich Ebert Stiftung (FES) Brasil, 2014.

_____. et al. "A periferia contra o estado? Para escapar das ciências tristes! Criemos outras possibilidades". 2017. Em: *Urucum*. Disponível online.

_____. "O último chamado de uma geração que desejava apenas fazer política". Em: *IHU-UNISINOS*, n. 524, ano XVIII, junho de 2018a, pp. 40-43.

_____. "Uma guerra de fronteiras". 2018b. Em: IHU-UNISINOS. Disponível online.

MOUFFE, Chantal. "Democracia, cidadania e a questão do pluralismo". Em: *Política & Sociedade*, n. 03, outubro de 2003, pp. 11-26.

MOVIMENTO PASSE LIVRE. "Não começou em Salvador, não vai terminar em São Paulo". Em: MARICATO, Erminia et al. *Cidades Rebeldes*: passe livre e as manifestações que tomaram as ruas do Brasil. São Paulo: Boitempo, 2013, pp. 13-18.

MOYANO, Manuel Ignácio. "A ingovernável resistência ao neoliberalismo". Em: *IHU-UNISINOS*. n. 505, ano XVII, maio de 2017, pp. 71-75.

MPL. "Carta do Movimento Passe Livre para a presidenta Dilma Rousseff". 2013b. Disponível online.

# BIBLIOGRAFIA

NASCIMENTO, Daniel Arruda. *Em torno de Giorgio Agamben: sobre a política que não se vê*. São Paulo: LiberArs, 2018.

_____. *Umbrais de Giorgio Agamben*: para onde os conduz o homo sacer?. São Paulo: LiberArs, 2014.

NEGRI, Antonio. *O poder constituinte*: ensaio sobre as alternativas da modernidade. Rio de Janeiro: Lamparina, 2015.

_____. "Primeiras observações sobre o desastre brasileiro". Em: revista *Cult*, 2018. Disponível online.

NEXO. "Qual o debate sobre o projeto que acaba com o auto de resistência no Brasil". 2017. Disponível online.

NOBRE, Marcos. *Imobilismo em movimento: da abertura democrática ao governo Dilma*. São Paulo: Companhia das Letras, 2013.

NOVAES, Regina. "Juventudes urbanas: o que podemos fazer juntos?". Em: *Juventudes e a desigualdade no urbano*. 2015, pp. 4–5.

ORTEGA, Francisco A. "Reabilitar la cotidianidad". Em: ORTEGA, Francisco A. *Veena Das*: Sujetos del dolor, agentes de dignidad. Bogotá: Universidade Javeriana — Instituto Pensar, 2008. pp. 15–69.

OS RESPIGADORES E A RESPIGADORA. Direção: Agnès Varda. França, 2000 (82 min). Disponível online.

PAGUL, Jul. "Poéticas públicas". Em: MORAES, Alana et al (org.). *Junho*: potência das ruas e das redes. São Paulo: Friedrich Ebert Stiftung (FES) Brasil, 2014, pp. 45–61.

PASTORAL CARCERÁRIA. Relatório — "Luta antiprisional no mundo contemporâneo: um estudo sobre experiências de redução da população carcerária em outras nações", 2018.

PEDRINHA, Roberta Duboc. "Análise da gestão de segurança pública no Rio de Janeiro à luz de Agamben". Em: *Revista Justiça e Sistema Criminal*, v. 7, n. 12, pp. 243–274, jan./jun. 2015.

PELBART, Peter P. "Anota aí, eu sou ninguém". Em: *Folha de S. Paulo*, 2013. Disponível online.

_____. *Necropolítica tropical*: fragmentos de um pesadelo em curso. São Paulo: n-1 edições, 2018.

_____. *O avesso do niilismo*: cartografias do esgotamento. São Paulo: n-1 edições, 2016.

PEREIRA, Felipe dos Anjos. "Biopolíticas do sacrifício: religião e militarização da vida na pacificação das favelas do Rio de Janeiro". Dissertação de mestrado. Programa de Pós-graduação em Ciências da Religião. São Bernardo do Campo: UMESP, 2019.

PEREIRA, Nancy Cardoso. "O perfume derramado das feministas". 2012. Em: CEBI. Disponível online.

_____. "Interrompidas venceremos! Rascunhos sobre libertação e fracasso". Em: PARDO, Daylíns Rufín & MARRERO, Luis Carlos (orgs.). *Re-encantos y Re-encuentros: Caminos y desafíos actuales de las Teologías de la Liberación*. Havana: Centro de Estudos — Conselho de Igrejas de Cuba / Centro Oscar Arnulfo Romero, 2017, pp. 44–52.

PICANÇO, Felícia Silva. "Juventude e trabalho decente no Brasil — uma proposta de mensuração". Em: *Caderno CRH*. Salvador, v. 28. n. 75, pp. 569–590, set/dez, 2015.

PRECIADO, Paul B. *Manifesto contrassexual*. São Paulo: n-1 edições, 2014.

RIEGER, Joerg. *Cristo e Império*: de Paulo aos tempos pós-coloniais. São Paulo: Paulus, 2009.

ROCA, José & LONDOÑO, Maria Wills. *Oscar Muñoz. Protographs*. Arte Sur. 2014. Disponível online.

ROLNIK, Raquel. "Apresentação — as vozes das ruas: as revoltas de junho e suas interpretações". Em: MARICATO, Erminia et al. *Cidades Rebeldes*: passe livre e as manifestações que tomaram as ruas do Brasil. São Paulo: Boitempo, 2013, pp. 7–12.

_____. *Guerra dos lugares*: a colonização da terra e da moradia na era das finanças. São Paulo: Boitempo, 2015.

ROLNIK, Sueli. *A hora da micropolítica*. Coleção Pandemia. São Paulo: n-1 edições, 2016.

ROQUE, Tatiana. "Projetos sem sujeito e sujeitos sem projeto". Em: BUENO, Winnie et al. *Tem saída?* Ensaios críticos sobre o Brasil. Porto Alegre: Zouk, 2017, pp. 27–37.

_____. *Risco e erotismo na política*. São Paulo: n-1 edições, 2018.

ROUSSEFF, Dilma. "Pronunciamento". EBC. 2013. Disponível online.

RUIZ, Castor Bartolomé. "Giorgio Agamben, liturgia (e) política: por que o poder necessita da glória?". Em: *Revista Brasileira de Estudos Políticos*. Belo Horizonte, n. 108, pp. 185–213, jan./jun. 2014.

_____. "Implicações políticas da teologia no pensamento de Giorgio Agamben". Em: IHU-UNISINOS. n. 505, ano XVII, maio de 2017, pp. 14–18.

_____. "Prólogo". Em: *Em torno de Giorgio Agamben: sobre a política que não se vê*. São Paulo: Editora LiberArs, 2018, pp. 9–16.

_____. "Homo sacer. O poder soberano e a vida nua". Em: IHU-UNISINOS. 2011. Disponível online.

SAFATLE, Vladimir. *Quando as ruas queimam*: manifesto pela emergência. Coleção Pandemia. São Paulo: n-1 edições, 2016.

SCHMITT, Carl. *Teología política*. Madri: Trotta, 2009.

# BIBLIOGRAFIA

SEREJO, Lincoln Sales. "Angelologia e burocracia na obra 'O reino e a glória' de Giorgio Agamben". Em: *Rev. Interd. em Cult. e Soc.* (RICS), São Luís, v. 4, n. especial — dossiê temático. pp. 213–224. 2018.

SINGER, André. "Brasil, junho de 2013: Classes e ideologias cruzadas". Em: *Novos Estudos*, CEBRAP n. 97, novembro de 2013.

_____. *O lulismo em crise*: um quebra cabeça do período Dilma (2011–2016). São Paulo: Companhia das Letras, 2018.

SOLANO, Esther. MANSO, B. P.; NOVAES, W. *Mascarados*. A verdadeira história dos adeptos da tática Black Bloc. 1. ed. São Paulo: Geração Editorial, 2014.

SOLLE, Dorothe. *Imaginación y obediencia*. Reflexiones sobre una ética cristiana del futuro. Salamanca 1971.

SOREANU, Raluca. "Por uma análise rítmica dos protestos". Em: *Política & Trabalho. Revista de Ciências Sociais*, n. 40, abril de 2014, pp. 171–197.

SOUZA, Daniel Santos. "A 'revolta da ineficiência': os acontecimentos de junho de 2013 no Brasil e suas destituições político-teológicas". Tese de doutorado no Programa de Pós-Graduação em Ciências da Religião da Universidade Metodista de São Paulo, São Bernardo do Campo, 2019, 349 p.

SOUZA, Regina Magalhães de. "Protagonismo juvenil: o discurso da juventude sem voz". Em: *Rev. Bras. Adolescência e Conflitualidade,* 1(1): 1-28, 2009.

TELES, Edson. "Apresentação: as margens originárias do político". Em: NASCIMENTO, Daniel Arruda. *Umbrais de Giorgio Agamben*: para onde nos conduz o homo sacer? São Paulo: LiberArs, 2014, pp. 9–11.

TIBLE, Jean. "Estamos todos en peligro: razones y perspectivas de la victoria electoral autoritaria em Brasil". Em: *Revista Política Latino-americana.* n. 7, Buenos Aires, julho-dezembro, 2018a, pp. 1–27.

_____. "A esquerda dividida por Junho de 2013 e a possibilidade de construir novas conexões". 2018b. IHU-UNISINOS. Disponível online.

TIQQUN. *A contribuição para a guerra em curso*. São Paulo: n-1 edições, 2019.

TRINDADE, Thiago Aparecido. *Protesto e democracia*: ocupações urbanas e luta pelo direito à cidade. Jundiaí: Paco, 2017.

UOL. "Ao anunciar que tarifa volta a R$ 3, Alckmin e Haddad falam em 'sacrifício' e corte de investimentos". 2013. Disponível online.

VALOR ECONÔMICO. "Crise coloca sob holofotes poder de mercado dos bancos". 2018. Disponível online.

ZIZEK, S. "Problemas no paraíso". Em: MARICATO, Erminia et al. *Cidades Rebeldes*: passe livre e as manifestações que tomaram as ruas do Brasil. São Paulo: Boitempo, 2013, pp. 101–108.

Adverte-se aos curiosos que se imprimiu este livro na gráfica Meta Brasil, em 10 de maio de 2023em papel pólen soft, em tipologia Minion Pro, com diversos sofwares livres, entre eles, LuaLaTeX, git.
(v. b362ba0)